MEIN ERSTES TAGEBUCH

LOU IM MEER VOLLER
KUNTERBUNTER GEFÜHLE

DIESES BUCH GEHÖRT:

FERKEL: „WIE BUCHSTABIERT
MAN 'LIEBE', PU?"

PU: „MAN BUCHSTABIERT
SIE NICHT…
MAN FÜHLT SIE."

A. A. Milne (Winnie Puuh)

WAS DICH IN DEINEM JOURNAL ERWARTET

ÜBER LOU & DICH

Hallo, du wundervoller Mensch. Schön, dass es dich gibt und wir uns kennenlernen. Ich bin Lou, eine Karett-Meeresschildkröte und lebe im Pazifischen Ozean gleich vor den Hawaiianischen Inseln. Ich werde das ganze Buch über an deiner Seite sein und dich begleiten. Und ich nehme dich mit auf eine aufregende, wilde Reise mit dir, mir und meinen Freunden. Wusstest du zum Beispiel, dass, als ich geboren wurde, 130 Geschwister mit mir in meinem Nest waren? Wahnsinn, oder? Das sind etwa so viele Kinder wie sieben mal deine Kindergartengruppe. Jetzt kannst du dir bestimmt vorstellen, wie viel Chaos bei uns herrscht, wenn wir alle Hunger haben. Aber bevor wir uns auf unser Abenteuer begeben, würde ich gerne ein bisschen mehr von dir erfahren. Hast du Lust, mir davon zu erzählen?

Hier ist Platz für ein Bild von dir. Du kannst mir eines einkleben oder magst du lieber eines malen?

HALLO, DU WUNDERVOLLER MENSCH!

ICH BIN LOU.

WIE HEISST DU DENN?

WIE ALT BIST DU?

1 2 3 4 5 6 7

HIER IST PLATZ FÜR ALLES, WAS DIR WICHTIG IST

(Herzensmenschen, Tiere oder oder oder)

WELCHE FARBE ODER FARBEN MAGST DU BESONDERS GERN?

WAS SIND DEINE LIEBLINGSBÜCHER?

HAST DU LIEDER, DIE DU GERNE HÖRST?

Welche sind das denn? Ich liebe zum Beispiel das Lied „Hakuna Matata" aus dem Film „Der König der Löwen".

WAS ZIEHST DU AM LIEBSTEN AN?

WAS IST DEIN GRÖSSTER WUNSCH?

FÜR DICH

Jetzt kann ich es dir endlich verraten. Ich habe eine Flasche gefunden und darin war wirklich eine Schatzkarte. Ich bin ausgeflippt vor Freude, denn ich habe schon so lange davon geträumt, eine Flaschenpost zu bekommen und da war sie auf einmal direkt vor mir. Sie ist einfach an mir vorbeigeschwommen. Hast du auch schon mal eine Flaschenpost oder einen Schatz gefunden? Oder wünschst du dir das genauso wie ich? Dann verstehst du vielleicht, dass ich vor Freude platzen könnte. Natürlich habe ich die Flasche sofort geöffnet und da war doch tatsächlich, wahrhaftig und echt eine Schatzkarte eingerollt! Genau diese Schatzkarte gebe ich nun dir. Es ist das Buch, das vor dir liegt und es wird dich zu deinem größten, schönsten und funkelndsten Schatz führen. Zu dir und zu deinen Gefühlen. Hast du Lust, mich und meine Freunde auf der abenteuerlichen Suche zu begleiten? Um den Schatz finden zu können, gibt es ein paar Dinge zu berücksichtigen und davon erzähle ich dir jetzt.

Das Wichtigste zuerst: Bei unserer gemeinsamen Reise geht es um dich und du bestimmst, was du auf den nächsten Seiten erzählen, malen oder aufschreiben möchtest. Es ist dein Buch, es sind deine Gedanken und Gefühle. Wenn du etwas nicht erzählen magst oder dir vielleicht auch einfach nichts einfällt, ist das total ok.

Was hältst du davon, wenn du abends vor dem Schlafengehen eine Tagebuchseite mit einer deiner liebsten Personen ausfüllst? So könnt ihr mir gemeinsam von deinem aufregenden Tag erzählen.

AUF DEN TAGEBUCH-SEITEN FINDEST DU:

- Ein Bild zum ausmalen. Du kannst es mit der Farbe ausmalen, die deine aktuellen Gefühle am besten beschreibt. Deine „Gefühlsfarbe" ist die Farbe, die du mit deinem Gefühl verbindest. Du kannst entweder die Farben von Lou und ihren Freunden verwenden oder deine eigenen auswählen. Zum Beispiel bin ich Lou, mit der Farbe Rosa verbunden, weil ich Liebe besonders stark empfinde. Also ist meine Gefühlsfarbe Rosa.

- Mich und alle meine Freunde. Jeder von uns fühlt ein bestimmtes Gefühl besonders stark und steht daher für das Gefühl. Wenn du Lust hast, male doch einen Kreis um alle Tiere mit den Gefühlen, die du den ganzen Tag über hattest. Weißt du auch noch, wann und warum du das Gefühl hattest? Oder wo du dieses gespürt hast? Wichtig für dich ist es zu wissen, dass alle, wirklich alle Gefühle gut sind, wie sie sind und sein dürfen. Jedes Gefühl will dir etwas Bestimmtes sagen und ist daher so wichtig für uns. Mein Tipp an dich ist, sie als deinen persönlichen Wegweiser zu sehen. So wie ein Kompass auf einem Schiff. Den habe ich übrigens auch für unsere Schatzsuche in meine Tasche gepackt.

- Damit wir uns auch so richtig richtig gut kennenlernen, habe ich mir für jeden Abend eine Frage für dich überlegt.

- Als nächstes verrate ich dir jeden Abend einen meiner Lieblingssätze, die ich gerne zu mir sage. Die Sätze verleihen mir meine Superpower und lassen mich mit einem Lächeln einschlafen und am Morgen wieder aufwachen.

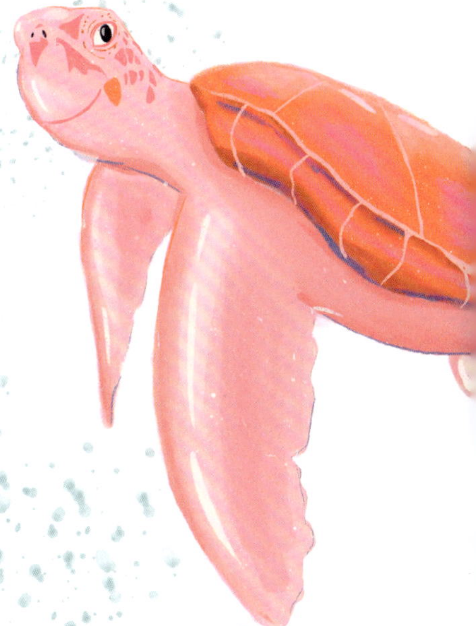

- Was mein Herz wirklich riesig werden lässt und so ein schönes warmes Gefühl in meinem Körper auslöst, ist, wenn ich daran denke, worüber ich mich freue und was es alles Schönes in meinem Leben gibt. Das schreibe oder male ich dann auf. Auch dafür ist für dich auf jeder Seite Platz. Oh, und ich sage dir, da gibt es so so so vieles für mich. Manchmal denke ich dabei an meine Familie oder meine Freunde. Aber auch an schöne Momente, wie zum Beispiel, als ich mit meiner Schwester den leckersten Algenpudding mit bunten Sternenstreuseln gekocht hatte und ich die Schüssel so sauber ausgeschlabbert habe, dass mein Papa dachte, sie wäre unbenutzt. Er hatte sie einfach in den Schrank zurückgestellt. Ich habe so laut gelacht, dass es Walburga, meine Freundin der Blauwal, bis zur anderen Insel gehört hatte. Und weil sich das so wundervoll und warm in meinem Körper anfühlt, wenn ich an all das denke, ist es auch immer die letzte Frage auf jeder Tagebuchseite für dich.

- Ein kleiner Tipp für deine Schatzsuche. Zwischen den Tagebuchseiten lernst du mich und meine Freunde ein bisschen besser kennen. Und auf jeder dieser Seiten  verbirgt sich ein geheimnisvoller Hinweis, der am Ende deines Tagebuches nochmal gebraucht wird.

Bevor es jetzt gleich richtig losgeht, will ich dir unbedingt noch meine Freunde vorstellen. Mach dich schon mal bereit, die witzigsten, verrücktesten und wundervollsten Meerestiere kennenzulernen, die es gibt.

FÜR EUCH, DIE DIE KINDER BEGLEITEN

Jedes unserer Kinder ist einzigartig und bringt seine individuellen Potenziale, sein einmaliges Licht in unsere Welt mit. Das Verrückte ist, von Geburt an haben Kinder einen natürlichen Zugang zu sich selbst. Unser Job ist es daher, sie bestmöglich zu begleiten und zu unterstützen, damit dieser erhalten bleibt und sie sich zu glücklichen und erfüllten Erwachsenen entwickeln. Denn dann erkennen Sie ihren eigenen Wert, sind im Vertrauen mit sich und der Welt. Kennen ihre eigenen Stärken, wissen, was sie begeistert, was sie noch lernen möchten und gehen mit Freude dafür los, ohne dass sie sich von der Meinung anderer davon abbringen lassen. Sie stehen für ihre Freunde ein und wissen tief in sich, dass wir alle wertvoll sind. Aber was genau brauchen Kinder eigentlich dafür? Die Antwort aus der Psychologie ist gar nicht so kompliziert: Sie brauchen das Gefühl, in Sicherheit und Geborgenheit aufzuwachsen und viele verschiedene altersgerechte Herausforderungen, denen sie sich stellen können. Grundlage hierfür ist wiederum eine intensive Beziehung zu anderen Menschen. Das Tagebuch unterstützt euch, indem ihr durch spielerische und kindgerechte gemeinsame Reflexionen den natürlichen Zugang festigt und gleichzeitig die Verbindung zwischen euch stärkt.

NOCH EIN PAAR HINWEISE ZUM AUFBAU UND TIPPS:

- Am Anfang läuft es vielleicht noch nicht flüssig. Schaut, was für euch passt und gebt euch und den Kids Zeit, alles kennenzulernen. Vielleicht kennt euer Kind bereits alle Gefühle oder eben keines. Vielleicht hat es an einem Tag keine Lust und übermorgen umso mehr. Wichtig ist, dass es sich für euch gut anfühlt und ihr Spaß beim Entdecken habt.

- Egal, was euer Kind bewegt, versucht, wertfrei zu bleiben und zuzuhören. Denn nichts hat eine Bedeutung, außer der Bedeutung, die wir ihm geben. Und das größte Geschenk, das wir unseren Kindern machen können, ist, sie so zu sehen, wie sie wirklich sind.

- Die Tagebuchseiten sind immer gleich aufgebaut und beginnen nach zehn Seiten wieder von vorne. So können sich die Affirmationen und Fragen fest verankern.

- Die Seiten starten mit den Gefühlen. Jedes Gefühl ist mit einer bestimmten Farbe sowie einem Tier verknüpft. So kann bei der Frage ***„Wie geht es dir jetzt gerade?"*** das Ausmalbild mit der jeweiligen Gefühlsfarbe einfarbig oder auch ganz bunt ausgemalt werden. Es braucht etwas Zeit, bis die Kinder alle Gefühle erkennen und verinnerlicht haben. Das ist total ok. Jedes Gefühl, ganz egal, ob es zum Beispiel Freude oder Wut ist, ist in Ordnung und hat eine individuelle Botschaft, die ihren Raum braucht. Gefühle spüren wir am ganzen Körper. Damit euer Kind sich und den eigenen Körper in Bezug auf die Gefühle besser kennenlernt, könnt ihr

Fragen stellen wie: ***„Wo spürst du die Wut und wie fühlt sie sich für dich an?", „Klopft dein Herz schnell oder langsam?", „Ist es weit oder eng?", „Zieht sich dein Bauch zusammen oder macht dir etwas Bauchschmerzen?"***.

- Wie wir denken, hat einen großen Einfluss auf unsere Zufriedenheit und dadurch, dass wir uns selbst gute Fragen stellen, beeinflussen wir diese und somit die Qualität unseres Lebens. Daher habe ich für das Tagebuch zehn Fragen ausgewählt, die entweder dazu gedacht sind, sich besser zu verstehen oder um Herausforderungen als Chancen wahrzunehmen und nicht als Problem.

- Positive Affirmationen sind bestärkende Sätze, die im Unterbewusstsein verankert werden und unsere Gedanken nachhaltig positiv verändern. Die zehn ausgewählten Affirmationen sind dazu da, um euren Kindern und euch Selbstsicherheit und Stärke zu schenken.

- Die Seiten enden mit einer Dankbarkeitsübung, da man so direkt vor dem Schlafengehen den Tag positiv und mit einem warmen Gefühl ausklingen lässt. Dankbarkeit macht langfristig glücklicher, empathischer und gesünder, da es zum einen positive Gefühle in uns erzeugt und zum anderen sich auch auf unsere Handlungen auswirkt. Wichtig hierbei ist es, dass die Dankbarkeit auch wirklich gefühlt wird. Euer Kind ist zum Beispiel dankbar für eine Kindergartenfreundin. Die Fragen, die ihr dann stellen könnt, damit es sich in die Dankbarkeit einfühlt, sind beispielsweise ***„Warum bist du glücklich, dass es sie gibt?"*** oder ***„Wie fühlt es sich an, wenn du an deine Freundin denkst?"***.

- Blättert doch ab und an durch die vorherigen ausgefüllten Seiten, da können so schöne Erinnerungen hochkommen.

Wenn ihr mehr Informationen zu den im Tagebuch verwendeten Methoden haben möchtet, könnt ihr euch hier mit dem QR Code zur Landingpage ein kostenloses PDF dazu von mir herunterladen.

www.mindfulmini.de
@mindful_mini_

Ich wünsche euch, dass das Tagebuch ein genauso großes Geschenk für euch und euer Kind ist, so wie es das für uns geworden ist.

Happy Journaling!

Franzi

LOU UND IHRE FREUNDE

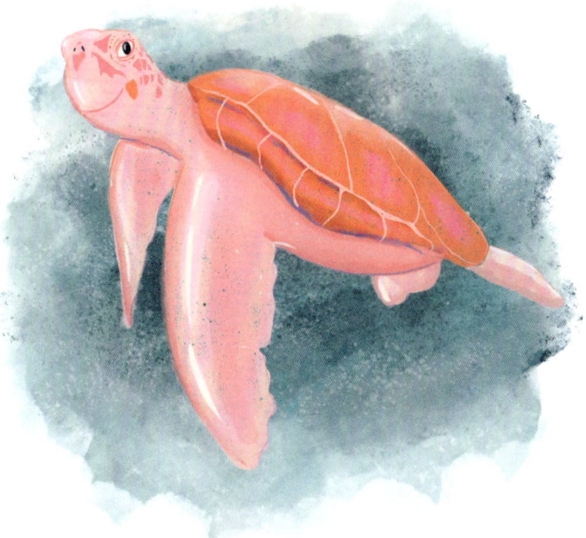

LOU UND DIE LIEBE

Wie du weißt, bin ich Lou und das wichtigste Gefühl für mich ist Liebe. Wenn ich mich in mir oder mit anderen wohl fühle, platzt mein Herz fast vor Freude und Wärme. Ich strahle richtig. Liebe kennst du bestimmt auch, es ist ein warmes Gefühl, das du für dich selbst, für jemanden oder etwas anderes empfinden kannst. Du fühlst es meistens stark in deinem Herzen, aber auch im ganzen Körper, wenn du zum Beispiel deine Freundin oder deinen Freund umarmst. Oder mit deinem Kuscheltier kuschelst. Es gibt auch noch die Selbstliebe. Das fühlt sich wie dein inneres, warmes Zuhause an. Du fühlst dich in dir wohl und magst alles an dir, denn du weißt, so wie du bist, bist du richtig.

SIMON UND DIE FREUDE

Hallo du lieber Mensch, ich bin Simon, das Seepferdchen und mein Lieblingsgefühl ist Freude. Wenn ich mich freudig fühle, spüre ich das im ganzen Körper. Ich lache, hüpfe und mache Quatsch. Es ist wie die Liebe eines der schönsten Gefühle überhaupt. Kribbelt es bei dir auch so schön und du fühlst dich so leicht? Wann empfindest du Freude? Vielleicht beim Tanzen, Singen, Klettern, Basteln oder wenn du mit deinen Freunden spielst?

STELLA UND DIE NEUGIERDE

Hey du, ich bin Stella. Ich würde ja am liebsten alles über dich wissen, ich bin nämlich ein sehr neugieriger Seestern. Es gibt ja so viele interessante, spannende und aufregende Dinge zu entdecken und auszuprobieren. Jeden Tag überlege ich mir, was ich Neues erkunden kann. Wenn wir neugierig sind, versuchen wir etwas, was wir noch nicht kennen, zu verstehen. Zum Beispiel, wie sich der Sand unter unseren Füßen für uns anfühlt. Oder was wir mit ihm bauen können, wenn wir ihn mit Wasser mischen. Du bist bestimmt genauso neugierig wie ich, oder? Für was interessierst du dich gerade besonders? Und was möchtest du unbedingt mal ausprobieren?

KASIMIR UND DIE WUT

Endlich bin ich dran! Ich bin Kasimir, der Krebs und ich kann ziemlich schnell und oft wütend werden. Vielleicht kennst du das ja auch. Wenn ich so richtig wütend bin, spüre ich das in der Brust, im Kopf oder im ganzen oberen Körper. Ich bin dann richtig aufgebracht und bebe innerlich. Wut steigt zum Beispiel in dir auf, wenn jemand etwas kaputt gemacht hat, was dir wichtig war. Oder wenn du etwas immer wieder versuchst, wie bei mir das Fahrradfahren, und es einfach nicht klappen will. Es ist total in Ordnung, wütend zu sein, denn die Wut muss raus. Wichtig dabei ist nur, dass niemand verletzt wird. Damit die Wut gut aus dir herauskommt, kannst du zum Beispiel wie ein Löwe brüllen oder wie ein Elefant stampfen.

MURIEL UND DER NEID

Hallo, ich bin Muriel und eine wunderschöne, glänzende Muschel. Und ich bin ja häufig so neidisch. Zum Beispiel auf meine Freunde, denn sie können so schnell durch das Meer schwimmen. Oh, wie gerne könnte ich das auch! Neid erkennst du zum Beispiel daran, dass du etwas gerne haben oder können möchtest, was jemand anderes bereits hat oder kann. Du vergleichst dich dann mit jemand anderem. Zum Beispiel hat deine Freundin ein Spielzeug geschenkt bekommen, das du dir schon immer gewünscht hast. Und das fühlt sich vielleicht nicht so gut für dich an. Das Tolle an diesem Gefühl ist aber, dass es dir zeigt, was du dir sehr wünschst und es motiviert dich daher, dir deinen Wunsch zu erfüllen.

HAILEY UND DIE SCHAM

Gestatten, ich bin Hailey und ein Hammerhai. Wenn ich mich schäme, wird mein Gesicht ganz heiß und ich will mich am liebsten eingraben und verstecken. Aber das ist sehr schwierig für mich, weil ich ja so groß bin und nicht einfach hinter einen Stein passe. Die Scham hat zwei wichtige Aufgaben für uns. Sie zeigt uns entweder, dass wir die Grenze eines anderen verletzt haben. Wie zum Beispiel als ich aus Versehen die Steinburg von Lou gestriffen hatte, sie zusammenfiel und Lou fürchterlich weinte. Oder sie zeigt uns, dass noch ein anderes Gefühl gefühlt werden möchte. Ich habe mich nämlich fürchterlich beim Turnen geschämt, weil ich den Ball nicht so weit werfen konnte wie die anderen. Ich hatte dann Angst, nicht gut genug zu sein. Scham fühlt sich für dich vielleicht unangenehm an, aber auch sie ist wichtig und total in Ordnung. Sie möchte gesehen und gehört werden. Am besten sprichst du mit jemandem, den du total gern hast, darüber.

HUGO UND DER STOLZ

Bonjour, ich bin Hugo und ich bin sehr stolz darauf, ein Hummer zu sein. Im Allgemeinen bin ich auf so vieles stolz, ich strotze förmlich vor Stolz. Du kennst das Gefühl bestimmt auch. Wie ist das für dich, wenn du etwas geschafft hast, das schwer war oder wenn du dich etwas getraut hast, wovor du eigentlich Angst hattest? Dann könnte ich mir vorstellen, dass du super zufrieden mit dir warst. Ich bin zum Beispiel gerade so stolz auf mich. Denn ich habe zum allerersten Mal ganz ohne Hilfe mein Zimmer blitzblank aufgeräumt. Wenn du stolz bist, hast du daher etwas gemacht, was du richtig gut findest. Du kannst das Gefühl für dich selbst oder auch für andere haben und fühlst dieses schöne Gefühl in der Brust, im Kopf und bis in den Bauch. Andere können dieses Gefühl sogar an dir erkennen, denn du zeigst es, indem du zum Beispiel ganz gerade stehst oder lächelst, deine Brust leicht hebst oder deine Arme in die Hüften stemmst. Stolz ist somit ein Gefühl, das uns groß und stark macht.

OTTO UND DIE ANGST

Oh, wie es in mir kribbelt. Hallo du großer Mensch. Ich bin Otto und ich bin ein Oktopus. Schön, dich kennen zu lernen, aber irgendwie auch beängstigend, weil ich dich nicht kenne und du so viel größer bist als ich. Schlägt manchmal dein Herz auch ganz schnell, so wie meines jetzt, wenn du ängstlich bist? Oder fängst du dann an zu schwitzen, bist wie gefroren oder willst ganz schnell weg? Du hast dieses Gefühl vielleicht, wenn etwas unbekannt, unheimlich oder laut ist. Wie zum Beispiel das Krachen eines Gewitters. Das, was du dann fühlst, nennt sich Angst und du magst es vermutlich nicht so gerne. Aber Angst haben wir alle, ihr Menschen genauso wie manche von uns Tieren. Angst ist wichtig für uns, weil sie uns vor Gefahren und Unbekanntem schützen möchte. Wenn du Angst hast, holst du dir am besten jemanden, den du richtig gern hast und sprichst darüber, was in dir vorgeht.

WALBURGA UND DIE TRAURIGKEIT

Hallo du, ich bin der Blauwal Walburga und ich bin so häufig traurig. Manchmal kommen mir dann auch richtig schnell die Tränen. Meistens bin ich traurig, weil ich jemanden, den ich richtig gerne habe, vermisse. Wie meine Eltern, meine Freunde oder meine Geschwister. Du kennst das Gefühl bestimmt auch, wenn du dich zum Beispiel von einer ganz lieben Person verabschiedest. Es fühlt sich so an, als hättest du einen Kloß im Hals oder du weinst sogar. Dann bist du vielleicht traurig, weil du diesen Menschen vermisst und erstmal für eine bestimmte Zeit nicht siehst. Wir sind alle ab und an aus verschiedenen Gründen traurig. Wie bei der Angst ist es super wichtig, dass du am besten mit jemandem, den du gern hast, darüber sprichst und ihm alles, was dich bedrückt, erzählen kannst. Das Gute an der Traurigkeit ist, dass sie uns zeigt, wie glücklich wir sind, dass es bestimmte Menschen in unserem Leben gibt. Aber nicht nur das: Durch sie lernen wir andere besser zu verstehen und uns in sie hineinzufühlen.

KURT UND DIE AUFREGUNG

Wohoo, endlich darf ich dich auch kennenlernen. Hi, ich bin Kurt, der Kugelfisch und ich bin ja so aufgeregt, dich zu treffen. Ich sage dir, es hat sich wie eine Ewigkeit angefühlt. Kennst du das, wenn du, wie ich, in der Nacht vor deinem Geburtstag nicht einschlafen kannst? Ich bin dann schrecklich schön aufgeregt und freue mich so sehr auf den nächsten Tag. Aufregung ist anders als die bisherigen Gefühle und ganz besonders. Denn Aufregung kann sich für dich sowohl wunderschön als auch ein bisschen unangenehm anfühlen. Dein ganzer Körper kribbelt dann wie Brausepulver in deinem Mund. Und das entweder vor Freude oder vor Nervosität. Ich war ja so nervös vor meinem ersten Tag im Kindergarten. Ich kannte meine Freunde noch nicht und wusste nicht genau, was mich dort alles erwartet. Mir war es ganz mulmig zumute. Aber auch Aufregung hat eine Nachricht für dich und möchte dir zeigen, was dir besonders wichtig ist.

DEIN GEFÜHLS-TAGEBUCH

Das Abenteuer beginnt. Die nächsten Seiten sind nur für dich. Alles darf sein.

BEISPIELSEITE

MO DI MI DO FR SA SO

3. F. 2023

WELCHE GEFÜHLE HATTEST DU HEUTE?

WIE GEHT ES DIR JETZT GERADE?

ICH HÖRE AUF MEIN HERZ.

WAS HAST DU HEUTE GESCHAFFT, AUF DAS DU STOLZ BIST?

Meine Steinburg

WORÜBER FREUST DU DICH, DASS ES IN DEINEM LEBEN IST?

MAMA

Liebe

MO DI MI DO FR SA SO

______ . ______ . ______

WELCHE GEFÜHLE HATTEST DU HEUTE?

WIE GEHT ES DIR JETZT GERADE?

WEIL ES MICH GIBT, IST DIE WELT NOCH SCHÖNER!

WAS HAST DU HEUTE SCHÖNES ERLEBT?

WORÜBER FREUST DU DICH, DASS ES IN DEINEM LEBEN IST?

MO DI MI DO FR SA SO

WELCHE GEFÜHLE HATTEST DU HEUTE?

WIE GEHT ES DIR JETZT GERADE?

ICH BIN MUTIG WIE EIN LÖWE.

WANN WARST DU HEUTE MUTIG?

WORÜBER FREUST DU DICH, DASS ES IN DEINEM LEBEN IST?

MO DI MI DO FR SA SO

WELCHE GEFÜHLE HATTEST DU HEUTE?

WIE GEHT ES DIR JETZT GERADE?

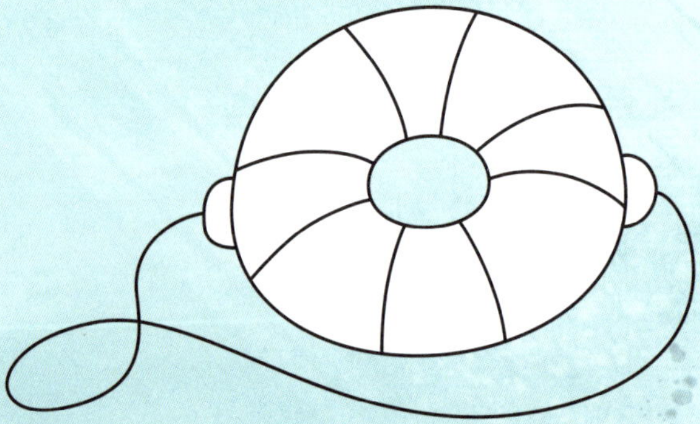

MEINE GEDANKEN UND GEFÜHLE SIND WICHTIG UND WERT-VOLL.

WAS HAST DU HEUTE NEUES AUSPROBIERT?

Was möchtest du gerne mal Neues ausprobieren?

WORÜBER FREUST DU DICH, DASS ES IN DEINEM LEBEN IST?

MO DI MI DO FR SA SO

WELCHE GEFÜHLE HATTEST DU HEUTE?

WIE GEHT ES DIR JETZT GERADE?

ICH FINDE IMMER EINE LÖSUNG.

WAS IST DIR HEUTE SCHWER GEFALLEN ODER IST NICHT SO GUT GELAUFEN?

Was kannst du beim nächsten Mal anders machen?

WORÜBER FREUST DU DICH, DASS ES IN DEINEM LEBEN IST?

MO DI MI DO FR SA SO

___ . ___ . ___

WELCHE GEFÜHLE HATTEST DU HEUTE?

FREUDE

ANGST

TRAURIGKEIT

STOLZ

SCHAM

NEUGIERDE

LIEBE

AUFREGUNG

WUT

NEID

WIE GEHT ES DIR JETZT GERADE?

JEDEN TAG WARTEN NEUE WUNDER AUF MICH.

WAS HAT HEUTE JEMAND NETTES FÜR DICH GETAN?

Und was hast du für jemand anderen getan?

WORÜBER FREUST DU DICH, DASS ES IN DEINEM LEBEN IST?

MO DI MI DO FR SA SO

WELCHE GEFÜHLE HATTEST DU HEUTE?

FREUDE
ANGST
TRAURIGKEIT
STOLZ
SCHAM
NEUGIERDE
LIEBE
AUFREGUNG
WUT
NEID

WIE GEHT ES DIR JETZT GERADE?

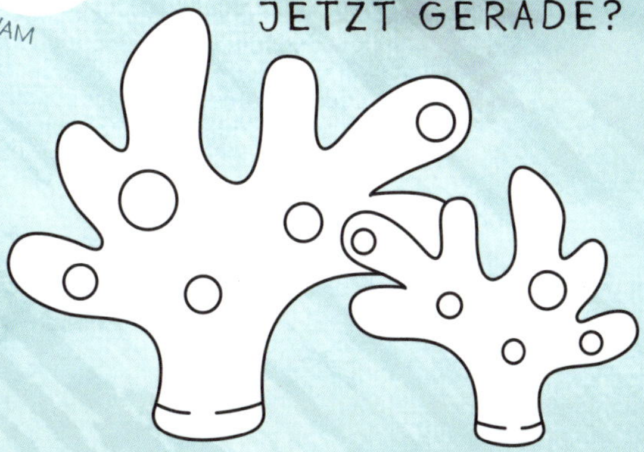

ICH BIN WITZIG, WILD UND WUNDER-BAR.

WER HAT DICH HEUTE ZUM LACHEN GEBRACHT?

WORÜBER FREUST DU DICH, DASS ES IN DEINEM LEBEN IST?

MO DI MI DO FR SA SO

WELCHE GEFÜHLE HATTEST DU HEUTE?

WIE GEHT ES DIR JETZT GERADE?

ICH HÖRE AUF MEIN HERZ.

WAS HAST DU HEUTE GESCHAFFT, AUF DAS DU STOLZ BIST?

WORÜBER FREUST DU DICH, DASS ES IN DEINEM LEBEN IST?

MO DI MI DO FR SA SO

WELCHE GEFÜHLE HATTEST DU HEUTE?

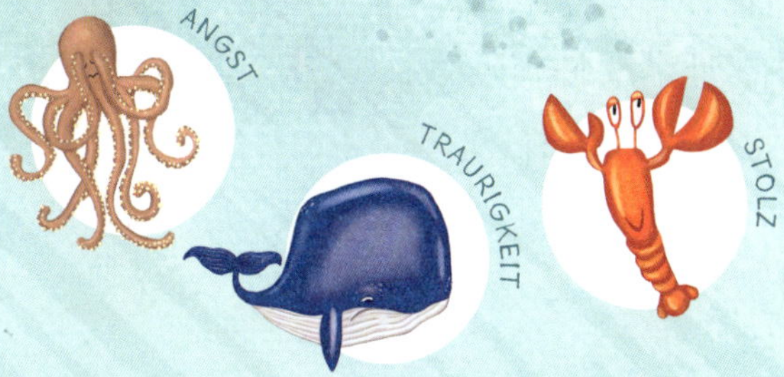

WIE GEHT ES DIR JETZT GERADE?

ALLE MEINE GEFÜHLE SIND WILL-KOMMEN.

AUF WAS FREUST DU DICH MORGEN?

WORÜBER FREUST DU DICH, DASS ES IN DEINEM LEBEN IST?

MO DI MI DO FR SA SO

WELCHE GEFÜHLE HATTEST DU HEUTE?

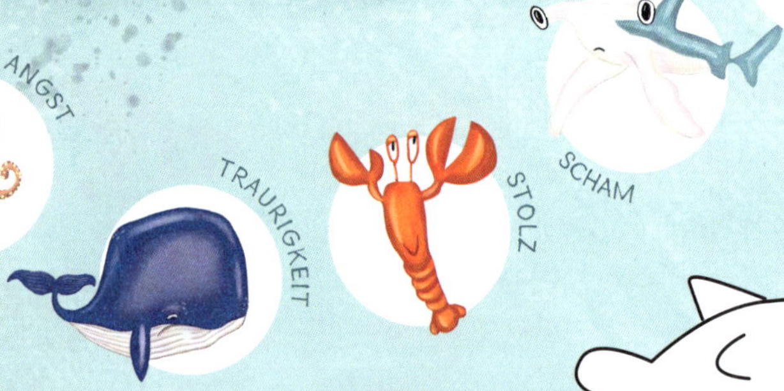

WIE GEHT ES DIR JETZT GERADE?

ICH BIN GEBORGEN UND GELIEBT.

WOVON MÖCHTEST DU HEUTE NACHT TRÄUMEN?

WORÜBER FREUST DU DICH, DASS ES IN DEINEM LEBEN IST?

MO DI MI DO FR SA SO

WELCHE GEFÜHLE HATTEST DU HEUTE?

FREUDE
ANGST
TRAURIGKEIT
STOLZ
SCHAM
NEUGIERDE
LIEBE
AUFREGUNG
WUT
NEID

WIE GEHT ES DIR JETZT GERADE?

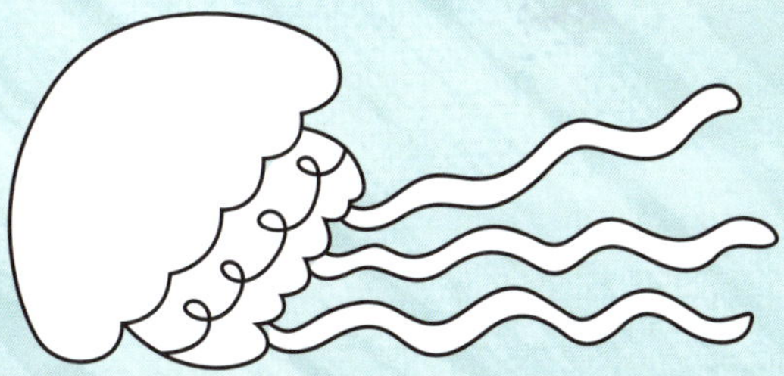

SO WIE ICH BIN, BIN ICH WUNDER-VOLL.

WAS FINDEST DU GUT AN DIR?

WORÜBER FREUST DU DICH, DASS ES IN DEINEM LEBEN IST?

LOU UND DIE LIEBE

Tier: **Meeresschildkröte**
Name: **Lou**
Gefühl: **Liebe**

Wow, die ersten zehn Seiten hast du bereits ausgefüllt und heute nehme ich dich ein bisschen mehr in meine Welt mit. Schau mal auf der Karte, da siehst du, wo du mich und meine Familie überall antreffen kannst. Wir sind sogar ganz in der Nähe bei dir!

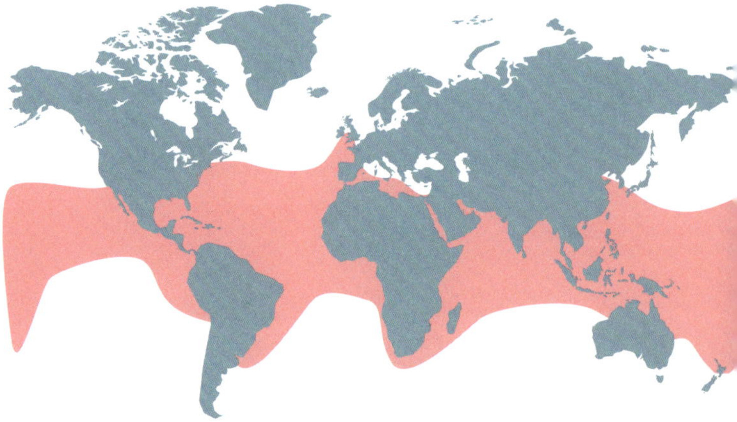

WUSSTEST DU

von uns Meeresschildkröten, dass ...

- ... wir älter sind als die Dinosaurier? Wir haben sie nämlich überlebt. Wahnsinn, oder?
- ... unser Panzer viel flacher als der von Landschildkröten ist? Das ist so, damit wir richtig schnell schwimmen können. Dafür können wir aber nicht unseren Kopf in ihm verstecken.
- ... wir sieben Stunden ohne Luftholen unter Wasser bleiben können? Das ist sooo viel länger als bei Walen oder Seehunden.
- ... es von uns sieben verschiedene Arten gibt? Die größte ist die Lederschildkröte, sie wird bis zu zwei Meter groß. Das ist etwa so hoch wie eine Tür. Ich bin ja eine echte Karettschildkröte und werde dagegen nur 90 Zentimeter lang. Du bist bestimmt größer als ich, oder?

Hast du Lust, noch mehr über mich und meine Familie zu erfahren? Dann schau doch mal hier vorbei:

AUSMALEN

Meine Seite ist noch so farblos, hast du Lust, sie auszumalen?

MO DI MI DO FR SA SO

WELCHE GEFÜHLE HATTEST DU HEUTE?

FREUDE
ANGST
TRAURIGKEIT
STOLZ
SCHAM
NEUGIERDE
LIEBE
AUFREGUNG
WUT
NEID

WIE GEHT ES DIR JETZT GERADE?

WEIL ES MICH GIBT, IST DIE WELT NOCH SCHÖNER!

WAS HAST DU HEUTE SCHÖNES ERLEBT?

WORÜBER FREUST DU DICH, DASS ES IN DEINEM LEBEN IST?

MO DI MI DO FR SA SO

WELCHE GEFÜHLE HATTEST DU HEUTE?

FREUDE · ANGST · TRAURIGKEIT · STOLZ · SCHAM · NEUGIERDE · LIEBE · AUFREGUNG · WUT · NEID

WIE GEHT ES DIR JETZT GERADE?

ICH BIN MUTIG WIE EIN LÖWE.

WANN WARST DU HEUTE MUTIG?

WORÜBER FREUST DU DICH, DASS ES IN DEINEM LEBEN IST?

MO DI MI DO FR SA SO

WELCHE GEFÜHLE HATTEST DU HEUTE?

WIE GEHT ES DIR JETZT GERADE?

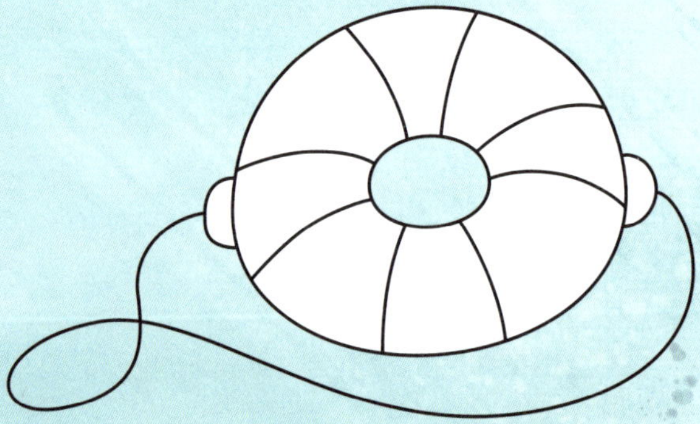

MEINE GEDANKEN UND GEFÜHLE SIND WICHTIG UND WERT-VOLL.

WAS HAST DU HEUTE NEUES AUSPROBIERT?

Was möchtest du gerne mal Neues ausprobieren?

WORÜBER FREUST DU DICH, DASS ES IN DEINEM LEBEN IST?

MO DI MI DO FR SA SO

WELCHE GEFÜHLE HATTEST DU HEUTE?

WIE GEHT ES DIR JETZT GERADE?

ICH FINDE IMMER EINE LÖSUNG.

WAS IST DIR HEUTE SCHWER GEFALLEN ODER IST NICHT SO GUT GELAUFEN?

Was kannst du beim nächsten Mal anders machen?

WORÜBER FREUST DU DICH, DASS ES IN DEINEM LEBEN IST?

MO DI MI DO FR SA SO

WELCHE GEFÜHLE HATTEST DU HEUTE?

WIE GEHT ES DIR JETZT GERADE?

JEDEN TAG WARTEN NEUE WUNDER AUF MICH.

WAS HAT HEUTE JEMAND NETTES FÜR DICH GETAN?

Und was hast du für jemand anderen getan?

WORÜBER FREUST DU DICH, DASS ES IN DEINEM LEBEN IST?

WELCHE GEFÜHLE HATTEST DU HEUTE?

WIE GEHT ES DIR JETZT GERADE?

ICH BIN WITZIG, WILD UND WUNDER-BAR.

WER HAT DICH HEUTE ZUM LACHEN GEBRACHT?

WORÜBER FREUST DU DICH, DASS ES IN DEINEM LEBEN IST?

MO DI MI DO FR SA SO

WELCHE GEFÜHLE HATTEST DU HEUTE?

WIE GEHT ES DIR JETZT GERADE?

ICH HÖRE AUF MEIN HERZ.

WAS HAST DU HEUTE GESCHAFFT, AUF DAS DU STOLZ BIST?

WORÜBER FREUST DU DICH, DASS ES IN DEINEM LEBEN IST?

MO DI MI DO FR SA SO

WELCHE GEFÜHLE HATTEST DU HEUTE?

WIE GEHT ES DIR JETZT GERADE?

ALLE MEINE GEFÜHLE SIND WILLKOMMEN.

AUF WAS FREUST DU DICH MORGEN?

WORÜBER FREUST DU DICH, DASS ES IN DEINEM LEBEN IST?

MO DI MI DO FR SA SO

WELCHE GEFÜHLE HATTEST DU HEUTE?

WIE GEHT ES DIR JETZT GERADE?

ICH BIN GEBORGEN UND GELIEBT.

WOVON MÖCHTEST DU HEUTE NACHT TRÄUMEN?

WORÜBER FREUST DU DICH, DASS ES IN DEINEM LEBEN IST?

MO DI MI DO FR SA SO

WELCHE GEFÜHLE HATTEST DU HEUTE?

WIE GEHT ES DIR JETZT GERADE?

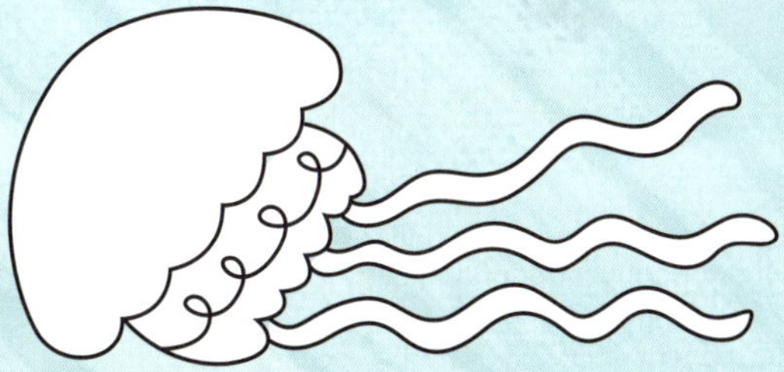

SO WIE ICH BIN, BIN ICH WUNDER-VOLL.

WAS FINDEST DU GUT AN DIR?

WORÜBER FREUST DU DICH, DASS ES IN DEINEM LEBEN IST?

SIMON UND DIE FREUDE

Tier: **Seepferdchen**
Name: **Simon**
Gefühl: **Freude**

Hi, heute ist ein Simon-Tag. Juhuuu!!!
Lass uns zusammen ganz viel Spaß haben!

WUSSTEST DU

über uns Seepferdchen, dass ...

- ... unsere Verwandten Fische sind? Wir sehen zwar ganz anders aus als sie, sind aber im Herzen ein Fisch.
- ... wir sehr gemütliche und langsame Tiere sind?
- ... es uns in allen möglichen Farben gibt? Wir bringen die schönsten und buntesten Farben ins Meer.
- ... bei uns die männlichen Seepferdchen die Babys zur Welt bringen?

WIE SIEHT ES AUS, HAST DU LUST AUF EIN TANZSPIEL?

Ich liebe es, alle meine Arme in die Luft zu werfen und durch den Sand zu hüpfen. Damit vertreibe ich mir meine schlechte Laune, falls ich sie mal habe. Wir brauchen dafür auch nicht viel. Nur deine Lieblingslieder, einen Würfel und jemanden, der mit uns tanzt. Die Zahl, die du würfelst, ist dann dein Tanzschritt. Du kannst auch in meine Spotify Playlist „Simon`s Tanzparty" reinhören. Hier findest du meine liebsten Lieder.

1

POPO SCHÜTTLER

Bewege deinen Po hin und her

2

KREISEL

Drehe dich im Kreis

3

ARME IN DIE LUFT

Werfe deine Arme hin und her

4

SPRUNG-KISSEN

Hüpfe auf und ab

5

HAPPY FEET

Tanze auf einem Bein

6

FREESTYLE

Tanze, wie du tanzen willst

MO DI MI DO FR SA SO

WELCHE GEFÜHLE HATTEST DU HEUTE?

WIE GEHT ES DIR JETZT GERADE?

WEIL ES MICH GIBT, IST DIE WELT NOCH SCHÖNER!

WAS HAST DU HEUTE SCHÖNES ERLEBT?

WORÜBER FREUST DU DICH, DASS ES IN DEINEM LEBEN IST?

MO DI MI DO FR SA SO

WELCHE GEFÜHLE HATTEST DU HEUTE?

WIE GEHT ES DIR JETZT GERADE?

ICH BIN MUTIG WIE EIN LÖWE.

WANN WARST DU HEUTE MUTIG?

WORÜBER FREUST DU DICH, DASS ES IN DEINEM LEBEN IST?

MO DI MI DO FR SA SO

WELCHE GEFÜHLE HATTEST DU HEUTE?

WIE GEHT ES DIR JETZT GERADE?

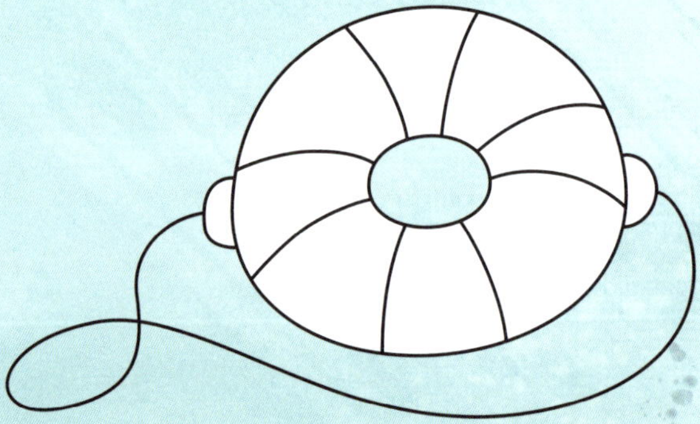

MEINE GEDANKEN UND GEFÜHLE SIND WICHTIG UND WERT-VOLL.

WAS HAST DU HEUTE NEUES AUSPROBIERT?

Was möchtest du gerne mal Neues ausprobieren?

WORÜBER FREUST DU DICH, DASS ES IN DEINEM LEBEN IST?

MO DI MI DO FR SA SO

WELCHE GEFÜHLE HATTEST DU HEUTE?

WIE GEHT ES DIR JETZT GERADE?

ICH FINDE IMMER EINE LÖSUNG.

WAS IST DIR HEUTE SCHWER GEFALLEN ODER IST NICHT SO GUT GELAUFEN?

Was kannst du beim nächsten Mal anders machen?

WORÜBER FREUST DU DICH, DASS ES IN DEINEM LEBEN IST?

MO DI MI DO FR SA SO

WELCHE GEFÜHLE HATTEST DU HEUTE?

WIE GEHT ES DIR JETZT GERADE?

JEDEN TAG WARTEN NEUE WUNDER AUF MICH.

WAS HAT HEUTE JEMAND NETTES FÜR DICH GETAN?

Und was hast du für jemand anderen getan?

WORÜBER FREUST DU DICH, DASS ES IN DEINEM LEBEN IST?

MO DI MI DO FR SA SO

WELCHE GEFÜHLE HATTEST DU HEUTE?

WIE GEHT ES DIR JETZT GERADE?

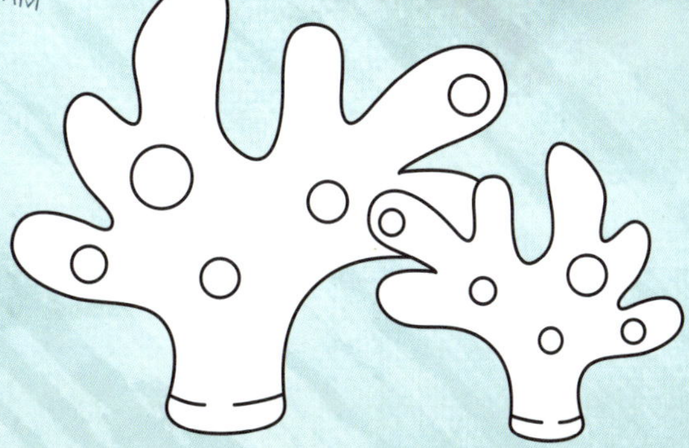

ICH BIN WITZIG, WILD UND WUNDER-BAR.

WER HAT DICH HEUTE ZUM LACHEN GEBRACHT?

WORÜBER FREUST DU DICH, DASS ES IN DEINEM LEBEN IST?

MO DI MI DO FR SA SO

WELCHE GEFÜHLE HATTEST DU HEUTE?

WIE GEHT ES DIR JETZT GERADE?

ICH HÖRE AUF MEIN HERZ.

WAS HAST DU HEUTE GESCHAFFT, AUF DAS DU STOLZ BIST?

WORÜBER FREUST DU DICH, DASS ES IN DEINEM LEBEN IST?

MO DI MI DO FR SA SO

WELCHE GEFÜHLE HATTEST DU HEUTE?

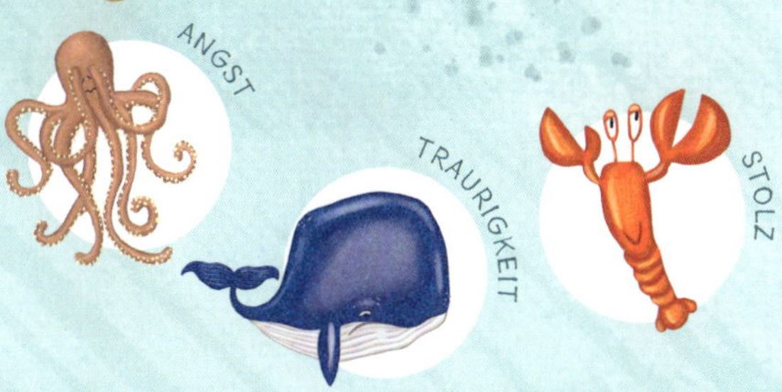

WIE GEHT ES DIR JETZT GERADE?

ALLE MEINE GEFÜHLE SIND WILLKOMMEN.

AUF WAS FREUST DU DICH MORGEN?

WORÜBER FREUST DU DICH, DASS ES IN DEINEM LEBEN IST?

WELCHE GEFÜHLE HATTEST DU HEUTE?

WIE GEHT ES DIR JETZT GERADE?

ICH BIN GEBORGEN UND GELIEBT.

WOVON MÖCHTEST DU HEUTE NACHT TRÄUMEN?

WORÜBER FREUST DU DICH, DASS ES IN DEINEM LEBEN IST?

MO DI MI DO FR SA SO

WELCHE GEFÜHLE HATTEST DU HEUTE?

WIE GEHT ES DIR JETZT GERADE?

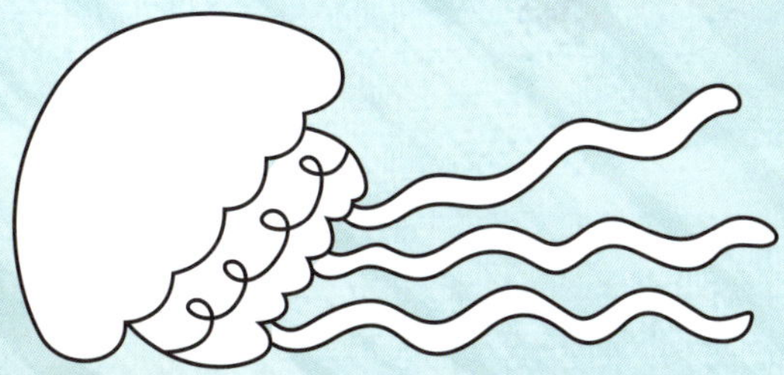

SO WIE ICH BIN, BIN ICH WUNDER-VOLL.

WAS FINDEST DU GUT AN DIR?

WORÜBER FREUST DU DICH, DASS ES IN DEINEM LEBEN IST?

STELLA UND DIE NEUGIERDE

Tier: **Seestern**
Name: **Stella**
Gefühl: **Neugierde**

Hallo, so schön, dich wiederzusehen. Heute nehme ich dich mit in meine Welt der Seesterne.

WUSSTEST DU, dass ...

- ... wir mindestens fünf Arme haben und dass, wenn wir einen Arm verlieren, er wieder nachwachsen kann?
- ... es 1.600 verschiedene Arten von uns gibt? Manche Seesterne besitzen tatsächlich bis zu 50 Arme.
- ... wir an der Unterseite winzige Füßchen haben, mit denen wir über den Meeresboden laufen können?

PUNKTE VERBINDEN

Wer hat sich denn hier vor uns versteckt? Wenn du die Punkte den Zahlen nach verbindest, erkennen wir bestimmt, wer es ist. Vielleicht magst du es auch noch mit deinen liebsten Farben ausmalen?

ES

MO DI MI DO FR SA SO

WELCHE GEFÜHLE HATTEST DU HEUTE?

WIE GEHT ES DIR JETZT GERADE?

WEIL ES MICH GIBT, IST DIE WELT NOCH SCHÖNER!

WAS HAST DU HEUTE SCHÖNES ERLEBT?

WORÜBER FREUST DU DICH, DASS ES IN DEINEM LEBEN IST?

MO DI MI DO FR SA SO

WELCHE GEFÜHLE HATTEST DU HEUTE?

WIE GEHT ES DIR JETZT GERADE?

ICH BIN MUTIG WIE EIN LÖWE.

WANN WARST DU HEUTE MUTIG?

WORÜBER FREUST DU DICH, DASS ES IN DEINEM LEBEN IST?

MO DI MI DO FR SA SO

WELCHE GEFÜHLE HATTEST DU HEUTE?

WIE GEHT ES DIR JETZT GERADE?

MEINE GEDANKEN UND GEFÜHLE SIND WICHTIG UND WERT-VOLL.

WAS HAST DU HEUTE NEUES AUSPROBIERT?

Was möchtest du gerne mal Neues ausprobieren?

WORÜBER FREUST DU DICH, DASS ES IN DEINEM LEBEN IST?

MO DI MI DO FR SA SO

WELCHE GEFÜHLE HATTEST DU HEUTE?

WIE GEHT ES DIR JETZT GERADE?

ICH FINDE IMMER EINE LÖSUNG.

WAS IST DIR HEUTE SCHWER GEFALLEN ODER IST NICHT SO GUT GELAUFEN?

Was kannst du beim nächsten Mal anders machen?

WORÜBER FREUST DU DICH, DASS ES IN DEINEM LEBEN IST?

MO DI MI DO FR SA SO

WELCHE GEFÜHLE HATTEST DU HEUTE?

WIE GEHT ES DIR JETZT GERADE?

JEDEN TAG WARTEN NEUE WUNDER AUF MICH.

WAS HAT HEUTE JEMAND NETTES FÜR DICH GETAN?

Und was hast du für jemand anderen getan?

WORÜBER FREUST DU DICH, DASS ES IN DEINEM LEBEN IST?

MO DI MI DO FR SA SO

WELCHE GEFÜHLE HATTEST DU HEUTE?

WIE GEHT ES DIR JETZT GERADE?

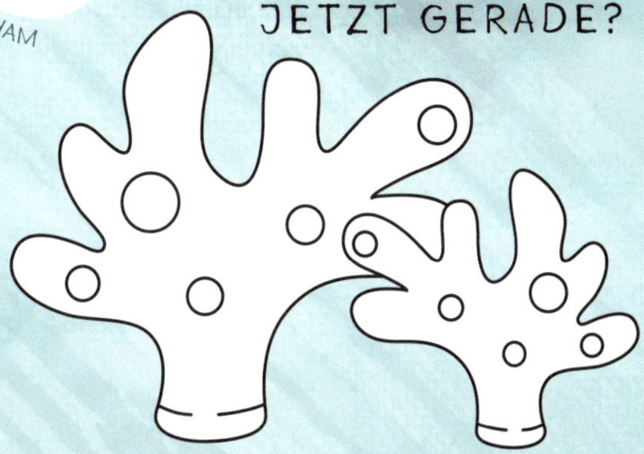

ICH BIN WITZIG, WILD UND WUNDER-BAR.

WER HAT DICH HEUTE ZUM LACHEN GEBRACHT?

WORÜBER FREUST DU DICH, DASS ES IN DEINEM LEBEN IST?

MO DI MI DO FR SA SO

___ . ___ . ___

WELCHE GEFÜHLE HATTEST DU HEUTE?

WIE GEHT ES DIR JETZT GERADE?

ICH HÖRE AUF MEIN HERZ.

WAS HAST DU HEUTE GESCHAFFT, AUF DAS DU STOLZ BIST?

WORÜBER FREUST DU DICH, DASS ES IN DEINEM LEBEN IST?

MO DI MI DO FR SA SO

WELCHE GEFÜHLE HATTEST DU HEUTE?

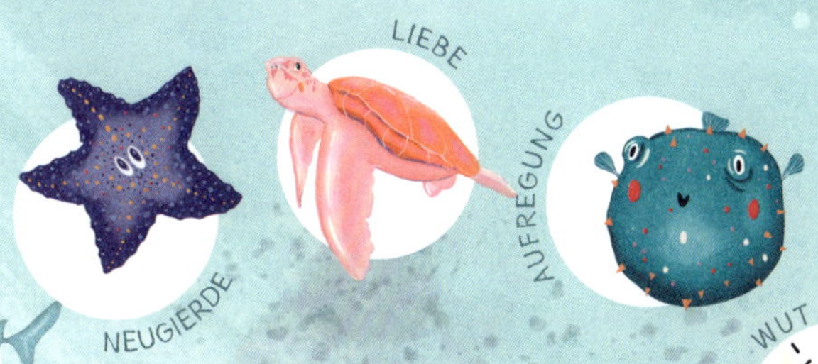

WIE GEHT ES DIR JETZT GERADE?

ALLE MEINE GEFÜHLE SIND WILL-KOMMEN.

AUF WAS FREUST DU DICH MORGEN?

WORÜBER FREUST DU DICH, DASS ES IN DEINEM LEBEN IST?

MO DI MI DO FR SA SO

WELCHE GEFÜHLE HATTEST DU HEUTE?

FREUDE
ANGST
TRAURIGKEIT
STOLZ
SCHAM
NEUGIERDE
LIEBE
AUFREGUNG
WUT
NEID

WIE GEHT ES DIR JETZT GERADE?

ICH BIN GEBORGEN UND GELIEBT.

WOVON MÖCHTEST DU HEUTE NACHT TRÄUMEN?

WORÜBER FREUST DU DICH, DASS ES IN DEINEM LEBEN IST?

MO DI MI DO FR SA SO

WELCHE GEFÜHLE HATTEST DU HEUTE?

WIE GEHT ES DIR JETZT GERADE?

SO WIE ICH BIN, BIN ICH WUNDER-VOLL.

WAS FINDEST DU GUT AN DIR?

WORÜBER FREUST DU DICH, DASS ES IN DEINEM LEBEN IST?

KASIMIR UND DIE WUT

Tier: **Krebs**
Name: **Kasimir**
Gefühl: **Wut**

Jetzt dreht sich endlich alles um uns Krebse.

WUSSTEST DU, dass ...

- ... wir keine Knochen wie ihr Menschen haben? Uns schützt unser Panzer.
- ... unsere beiden Zangen nicht gleich sind? Die eine verwenden wir zum Fangen, sie ist daher etwas schärfer. Die andere ist etwas kräftiger, sie nutzen wir zum Knacken von Muscheln.
- ... wir zwei Antennen zum Fühlen und Orientieren haben?

SUCHBILD

Hilfe, meine Freunde haben sich einen Spaß mit mir erlaubt. Sie haben sich vor mir versteckt. Kannst du mir helfen, sie zu finden?

DICH

MO DI MI DO FR SA SO

WELCHE GEFÜHLE HATTEST DU HEUTE?

WIE GEHT ES DIR JETZT GERADE?

WEIL ES MICH GIBT, IST DIE WELT NOCH SCHÖNER!

WAS HAST DU HEUTE SCHÖNES ERLEBT?

WORÜBER FREUST DU DICH, DASS ES IN DEINEM LEBEN IST?

MO DI MI DO FR SA SO

WELCHE GEFÜHLE HATTEST DU HEUTE?

FREUDE
ANGST
TRAURIGKEIT
STOLZ
SCHAM
NEUGIERDE
LIEBE
AUFREGUNG
WUT
NEID

WIE GEHT ES DIR JETZT GERADE?

ICH BIN MUTIG WIE EIN LÖWE.

WANN WARST DU HEUTE MUTIG?

WORÜBER FREUST DU DICH, DASS ES IN DEINEM LEBEN IST?

MO DI MI DO FR SA SO

WELCHE GEFÜHLE HATTEST DU HEUTE?

WIE GEHT ES DIR JETZT GERADE?

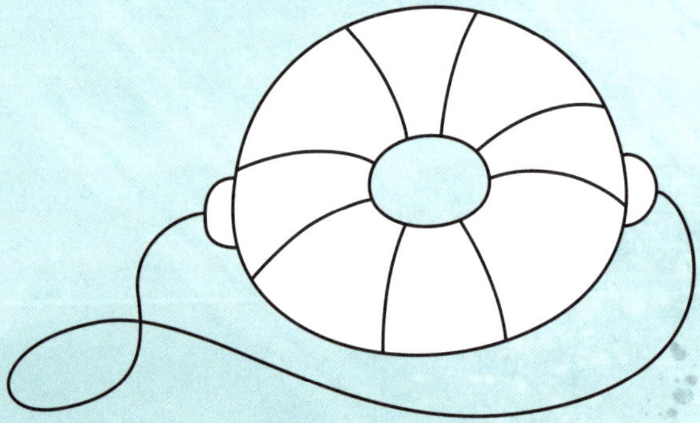

MEINE GEDANKEN UND GEFÜHLE SIND WICHTIG UND WERT-VOLL.

WAS HAST DU HEUTE NEUES AUSPROBIERT?

Was möchtest du gerne mal Neues ausprobieren?

WORÜBER FREUST DU DICH, DASS ES IN DEINEM LEBEN IST?

MO DI MI DO FR SA SO

WELCHE GEFÜHLE HATTEST DU HEUTE?

WIE GEHT ES DIR JETZT GERADE?

ICH FINDE IMMER EINE LÖSUNG.

WAS IST DIR HEUTE SCHWER GEFALLEN ODER IST NICHT SO GUT GELAUFEN?

Was kannst du beim nächsten Mal anders machen?

WORÜBER FREUST DU DICH, DASS ES IN DEINEM LEBEN IST?

MO DI MI DO FR SA SO

WELCHE GEFÜHLE HATTEST DU HEUTE?

FREUDE

ANGST

TRAURIGKEIT

STOLZ

SCHAM

NEUGIERDE

LIEBE

AUFREGUNG

WUT

NEID

WIE GEHT ES DIR JETZT GERADE?

JEDEN TAG WARTEN NEUE WUNDER AUF MICH.

WAS HAT HEUTE JEMAND NETTES FÜR DICH GETAN?

Und was hast du für jemand anderen getan?

WORÜBER FREUST DU DICH, DASS ES IN DEINEM LEBEN IST?

MO DI MI DO FR SA SO

WELCHE GEFÜHLE HATTEST DU HEUTE?

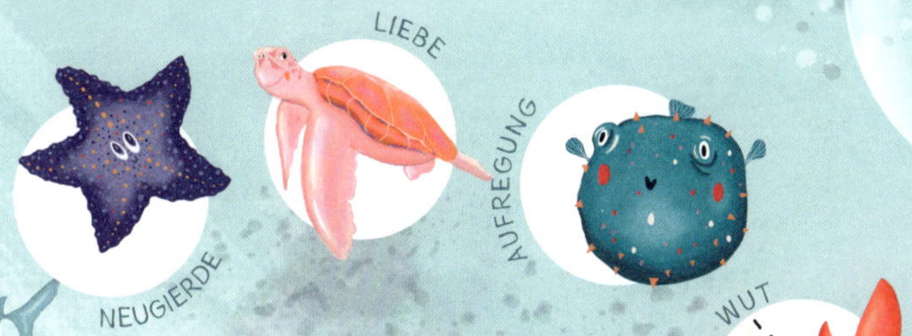

WIE GEHT ES DIR JETZT GERADE?

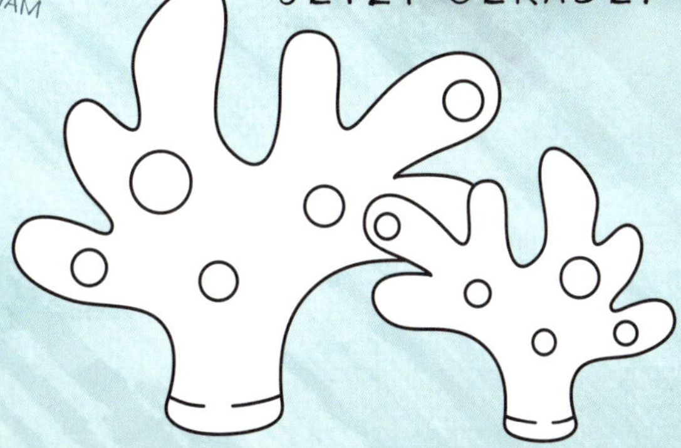

ICH BIN WITZIG, WILD UND WUNDER-BAR.

WER HAT DICH HEUTE ZUM LACHEN GEBRACHT?

WORÜBER FREUST DU DICH, DASS ES IN DEINEM LEBEN IST?

MO DI MI DO FR SA SO

WELCHE GEFÜHLE HATTEST DU HEUTE?

WIE GEHT ES DIR JETZT GERADE?

ICH HÖRE AUF MEIN HERZ.

WAS HAST DU HEUTE GESCHAFFT, AUF DAS DU STOLZ BIST?

WORÜBER FREUST DU DICH, DASS ES IN DEINEM LEBEN IST?

MO DI MI DO FR SA SO

WELCHE GEFÜHLE HATTEST DU HEUTE?

WIE GEHT ES DIR JETZT GERADE?

ALLE MEINE GEFÜHLE SIND WILLKOMMEN.

AUF WAS FREUST DU DICH MORGEN?

WORÜBER FREUST DU DICH, DASS ES IN DEINEM LEBEN IST?

MO DI MI DO FR SA SO

WELCHE GEFÜHLE HATTEST DU HEUTE?

WIE GEHT ES DIR JETZT GERADE?

ICH BIN GEBORGEN UND GELIEBT.

WOVON MÖCHTEST DU HEUTE NACHT TRÄUMEN?

WORÜBER FREUST DU DICH, DASS ES IN DEINEM LEBEN IST?

MO DI MI DO FR SA SO

WELCHE GEFÜHLE HATTEST DU HEUTE?

WIE GEHT ES DIR JETZT GERADE?

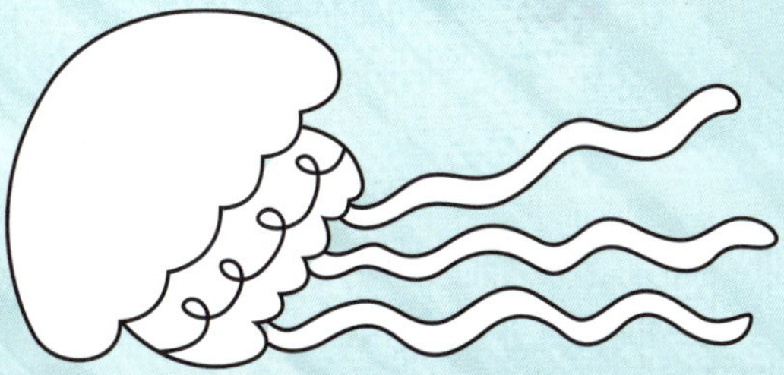

SO WIE ICH BIN, BIN ICH WUNDER-VOLL.

WAS FINDEST DU GUT AN DIR?

WORÜBER FREUST DU DICH, DASS ES IN DEINEM LEBEN IST?

MURIEL UND DER NEID

Tier: **Muschel**
Name: **Muriel**
Gefühl: **Neid**

Hi, wie du schon gehört hast, bin ich Muriel und eine wunderschöne Muschel. Hast du auch Lust, ein bisschen mehr über uns zu erfahren?

WUSSTEST DU, dass ...

- ... wir wie eine Schnecke ein Weichtier sind? Das bedeutet, dass wir einen ganz weichen Körper ohne Knochen haben.
- ... wir uns unter unserer harten Schale gerne verstecken? Sie schützt uns richtig gut.
- ... wir überall auf der Welt leben? Ja, wirklich überall kannst du uns im Wasser finden. Vielleicht treffe ich dich ja bei deinem nächsten Urlaub am Strand in Italien oder an der Ostsee? Das wäre ja wirklich schön!

LABYRINTH

Ohje, jetzt könnte ich deine Hilfe gebrauchen. Denn ich hätte so gerne eine lila schimmernde und glitzernde Perle wie meine Freundin. Und ich habe sogar eine gesehen. Allerdings muss ich hierfür den Weg durch das lange Meereslabyrinth zurücklegen. Und da es zusammen so viel mehr Spaß macht, hast du Lust, mich zu begleiten?

MO DI MI DO FR SA SO

WELCHE GEFÜHLE HATTEST DU HEUTE?

FREUDE

ANGST

TRAURIGKEIT

STOLZ

SCHAM

NEUGIERDE

LIEBE

AUFREGUNG

WUT

NEID

WIE GEHT ES DIR JETZT GERADE?

WEIL ES MICH GIBT, IST DIE WELT NOCH SCHÖNER!

WAS HAST DU HEUTE SCHÖNES ERLEBT?

WORÜBER FREUST DU DICH, DASS ES IN DEINEM LEBEN IST?

MO DI MI DO FR SA SO

WELCHE GEFÜHLE HATTEST DU HEUTE?

WIE GEHT ES DIR JETZT GERADE?

ICH BIN MUTIG WIE EIN LÖWE.

WANN WARST DU HEUTE MUTIG?

WORÜBER FREUST DU DICH, DASS ES IN DEINEM LEBEN IST?

MO DI MI DO FR SA SO

WELCHE GEFÜHLE HATTEST DU HEUTE?

WIE GEHT ES DIR JETZT GERADE?

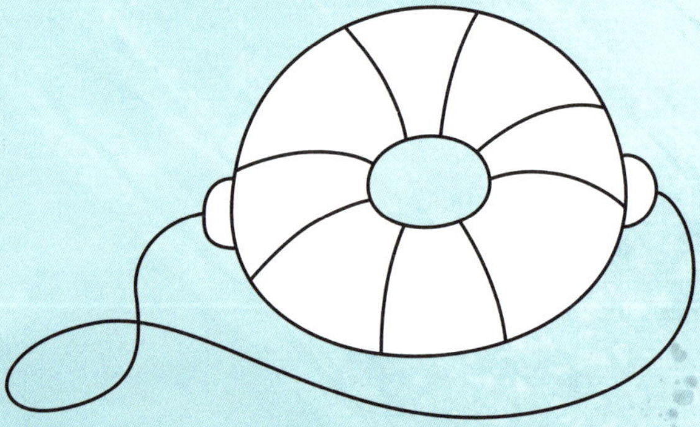

MEINE GEDANKEN UND GEFÜHLE SIND WICHTIG UND WERT-VOLL.

WAS HAST DU HEUTE NEUES AUSPROBIERT?

Was möchtest du gerne mal Neues ausprobieren?

WORÜBER FREUST DU DICH, DASS ES IN DEINEM LEBEN IST?

MO DI MI DO FR SA SO

______ . ______ . ______

WELCHE GEFÜHLE HATTEST DU HEUTE?

FREUDE

ANGST

TRAURIGKEIT

STOLZ

SCHAM

NEUGIERDE

LIEBE

AUFREGUNG

WUT

NEID

WIE GEHT ES DIR JETZT GERADE?

ICH FINDE IMMER EINE LÖSUNG.

WAS IST DIR HEUTE SCHWER GEFALLEN ODER IST NICHT SO GUT GELAUFEN?

Was kannst du beim nächsten Mal anders machen?

WORÜBER FREUST DU DICH, DASS ES IN DEINEM LEBEN IST?

MO DI MI DO FR SA SO

WELCHE GEFÜHLE HATTEST DU HEUTE?

WIE GEHT ES DIR JETZT GERADE?

JEDEN TAG WARTEN NEUE WUNDER AUF MICH.

WAS HAT HEUTE JEMAND NETTES FÜR DICH GETAN?

Und was hast du für jemand anderen getan?

WORÜBER FREUST DU DICH, DASS ES IN DEINEM LEBEN IST?

MO DI MI DO FR SA SO

WELCHE GEFÜHLE HATTEST DU HEUTE?

FREUDE
ANGST
TRAURIGKEIT
STOLZ
SCHAM
NEUGIERDE
LIEBE
AUFREGUNG
WUT
NEID

WIE GEHT ES DIR JETZT GERADE?

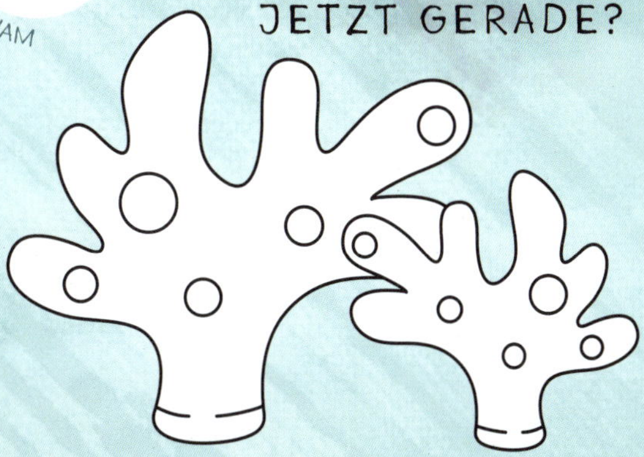

ICH BIN WITZIG, WILD UND WUNDER-BAR.

WER HAT DICH HEUTE ZUM LACHEN GEBRACHT?

WORÜBER FREUST DU DICH, DASS ES IN DEINEM LEBEN IST?

MO DI MI DO FR SA SO

WELCHE GEFÜHLE HATTEST DU HEUTE?

FREUDE · ANGST · TRAURIGKEIT · STOLZ · SCHAM · NEUGIERDE · LIEBE · AUFREGUNG · WUT · NEID

WIE GEHT ES DIR JETZT GERADE?

ICH HÖRE AUF MEIN HERZ.

WAS HAST DU HEUTE GESCHAFFT, AUF DAS DU STOLZ BIST?

WORÜBER FREUST DU DICH, DASS ES IN DEINEM LEBEN IST?

MO DI MI DO FR SA SO

WELCHE GEFÜHLE HATTEST DU HEUTE?

WIE GEHT ES DIR JETZT GERADE?

ALLE MEINE GEFÜHLE SIND WILLKOMMEN.

AUF WAS FREUST DU DICH MORGEN?

WORÜBER FREUST DU DICH, DASS ES IN DEINEM LEBEN IST?

MO DI MI DO FR SA SO

WELCHE GEFÜHLE HATTEST DU HEUTE?

WIE GEHT ES DIR JETZT GERADE?

ICH BIN GEBORGEN UND GELIEBT.

WOVON MÖCHTEST DU HEUTE NACHT TRÄUMEN?

WORÜBER FREUST DU DICH, DASS ES IN DEINEM LEBEN IST?

MO DI MI DO FR SA SO

WELCHE GEFÜHLE HATTEST DU HEUTE?

WIE GEHT ES DIR JETZT GERADE?

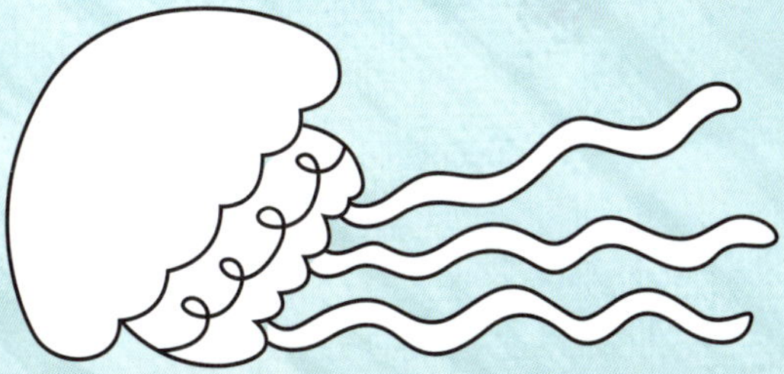

SO WIE ICH BIN, BIN ICH WUNDER-VOLL.

WAS FINDEST DU GUT AN DIR?

WORÜBER FREUST DU DICH, DASS ES IN DEINEM LEBEN IST?

HAILEY UND DIE SCHAM

Tier: **Hai**
Name: **Hailey**
Gefühl: **Scham**

Hallo, ich hoffe, du fürchtest dich nicht vor mir. Wir Haie können ja doch sehr bedrohlich wirken. Ich würde dir gerne ein bisschen von meiner wirklich tollen Familie erzählen, denn WUSSTEST DU, dass …

- … der kleinste von uns Haien nur 25 Zentimeter groß ist? Das ist etwa so groß wie das Buch, das du gerade in den Händen hältst.
- … wir nicht nur eine Reihe Zähne wie du haben? Wir haben mehrere Reihen hintereinander. Das Zähneputzen dauert bei uns viel viel länger als bei dir, kann ich dir sagen.
- … du uns an unserer dreieckigen Rückenflosse erkennst? Manchmal siehst du sie aus dem Meer herausblitzen.

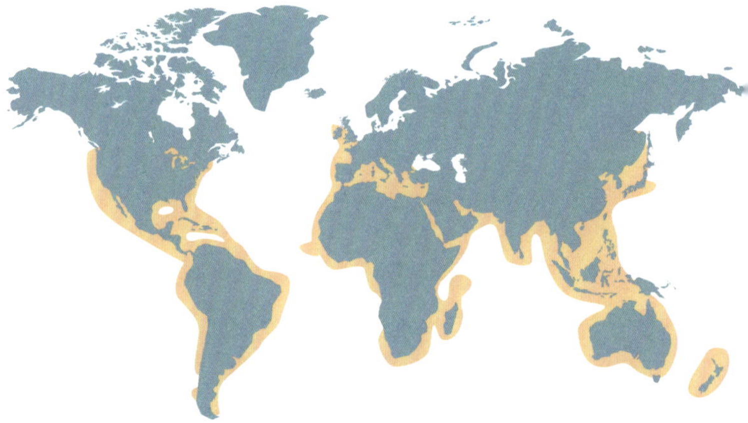

WELLEN NACH ZEICHNEN

Das Meer kann manchmal ganz schön wild sein. Hast du Lust, die unterschiedlichen Wellen nachzumalen?

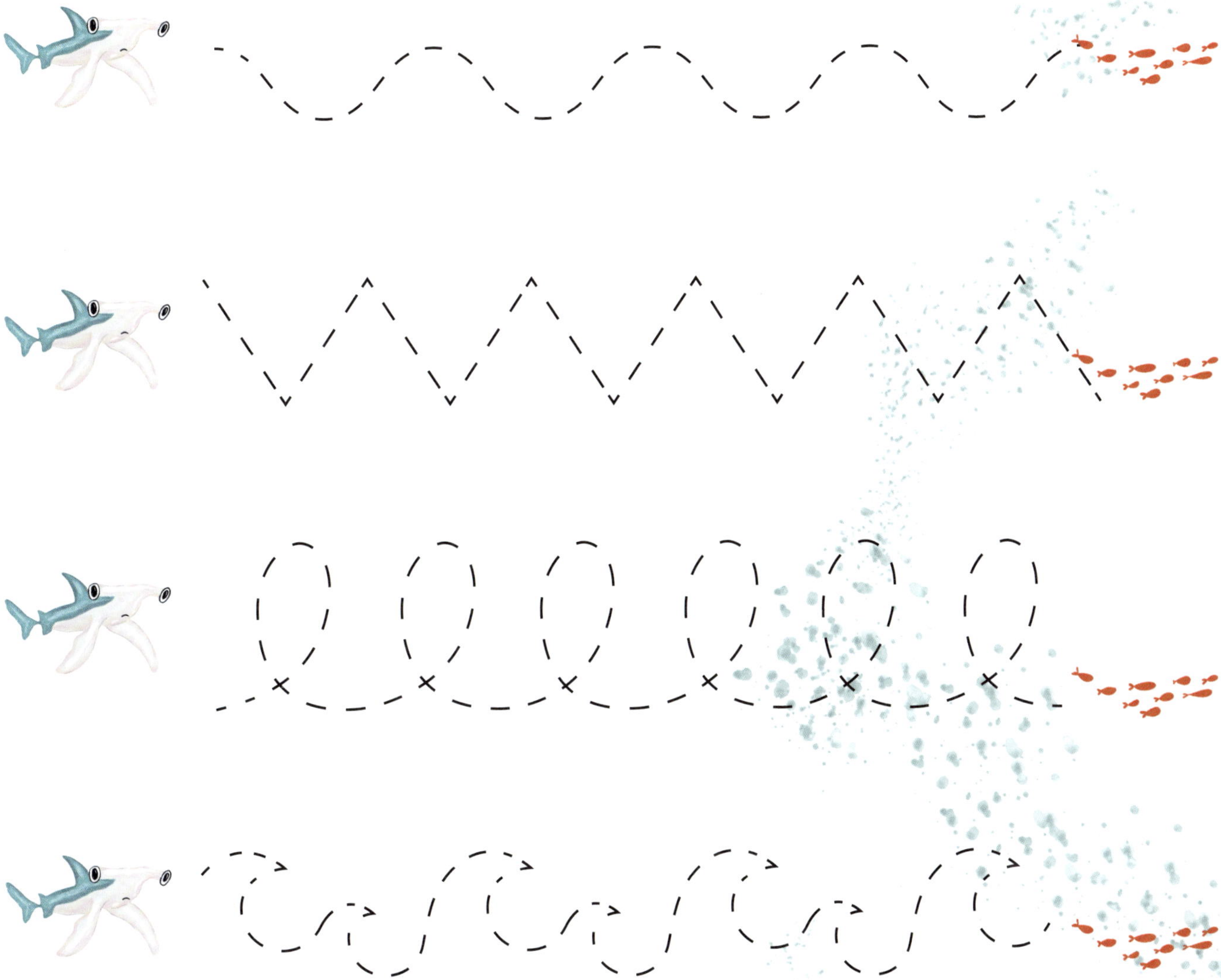

MO DI MI DO FR SA SO

___ . ___ . ___

WELCHE GEFÜHLE HATTEST DU HEUTE?

FREUDE · ANGST · TRAURIGKEIT · STOLZ · SCHAM · NEUGIERDE · LIEBE · AUFREGUNG · WUT · NEID

WIE GEHT ES DIR JETZT GERADE?

WEIL ES MICH GIBT, IST DIE WELT NOCH SCHÖNER!

WAS HAST DU HEUTE SCHÖNES ERLEBT?

WORÜBER FREUST DU DICH, DASS ES IN DEINEM LEBEN IST?

MO DI MI DO FR SA SO

WELCHE GEFÜHLE HATTEST DU HEUTE?

WIE GEHT ES DIR JETZT GERADE?

ICH BIN MUTIG WIE EIN LÖWE.

WANN WARST DU HEUTE MUTIG?

WORÜBER FREUST DU DICH, DASS ES IN DEINEM LEBEN IST?

MO DI MI DO FR SA SO

WELCHE GEFÜHLE HATTEST DU HEUTE?

WIE GEHT ES DIR JETZT GERADE?

MEINE GEDANKEN UND GEFÜHLE SIND WICHTIG UND WERTVOLL.

WAS HAST DU HEUTE NEUES AUSPROBIERT?

Was möchtest du gerne mal Neues ausprobieren?

WORÜBER FREUST DU DICH, DASS ES IN DEINEM LEBEN IST?

MO DI MI DO FR SA SO

___ . ___ . ___

WELCHE GEFÜHLE HATTEST DU HEUTE?

WIE GEHT ES DIR JETZT GERADE?

ICH FINDE IMMER EINE LÖSUNG.

WAS IST DIR HEUTE SCHWER GEFALLEN ODER IST NICHT SO GUT GELAUFEN?

Was kannst du beim nächsten Mal anders machen?

WORÜBER FREUST DU DICH, DASS ES IN DEINEM LEBEN IST?

MO DI MI DO FR SA SO

___ . ___ . ___

WELCHE GEFÜHLE HATTEST DU HEUTE?

WIE GEHT ES DIR JETZT GERADE?

JEDEN TAG WARTEN NEUE WUNDER AUF MICH.

WAS HAT HEUTE JEMAND NETTES FÜR DICH GETAN?

Und was hast du für jemand anderen getan?

WORÜBER FREUST DU DICH, DASS ES IN DEINEM LEBEN IST?

MO DI MI DO FR SA SO

WELCHE GEFÜHLE HATTEST DU HEUTE?

FREUDE
ANGST
TRAURIGKEIT
STOLZ
SCHAM
NEUGIERDE
LIEBE
AUFREGUNG
WUT
NEID

WIE GEHT ES DIR JETZT GERADE?

ICH BIN WITZIG, WILD UND WUNDER-BAR.

WER HAT DICH HEUTE ZUM LACHEN GEBRACHT?

WORÜBER FREUST DU DICH, DASS ES IN DEINEM LEBEN IST?

MO DI MI DO FR SA SO

WELCHE GEFÜHLE HATTEST DU HEUTE?

FREUDE · ANGST · TRAURIGKEIT · STOLZ · SCHAM · NEUGIERDE · LIEBE · AUFREGUNG · WUT · NEID

WIE GEHT ES DIR JETZT GERADE?

ICH HÖRE AUF MEIN HERZ.

WAS HAST DU HEUTE GESCHAFFT, AUF DAS DU STOLZ BIST?

WORÜBER FREUST DU DICH, DASS ES IN DEINEM LEBEN IST?

MO DI MI DO FR SA SO

WELCHE GEFÜHLE HATTEST DU HEUTE?

FREUDE
ANGST
TRAURIGKEIT
STOLZ
SCHAM
NEUGIERDE
LIEBE
AUFREGUNG
WUT
NEID

WIE GEHT ES DIR JETZT GERADE?

ALLE MEINE GEFÜHLE SIND WILL-KOMMEN.

AUF WAS FREUST DU DICH MORGEN?

WORÜBER FREUST DU DICH, DASS ES IN DEINEM LEBEN IST?

MO DI MI DO FR SA SO

WELCHE GEFÜHLE HATTEST DU HEUTE?

FREUDE

ANGST

TRAURIGKEIT

STOLZ

SCHAM

NEUGIERDE

LIEBE

AUFREGUNG

WUT

NEID

WIE GEHT ES DIR JETZT GERADE?

ICH BIN GEBORGEN UND GELIEBT.

WOVON MÖCHTEST DU HEUTE NACHT TRÄUMEN?

WORÜBER FREUST DU DICH, DASS ES IN DEINEM LEBEN IST?

MO DI MI DO FR SA SO

WELCHE GEFÜHLE HATTEST DU HEUTE?

WIE GEHT ES DIR JETZT GERADE?

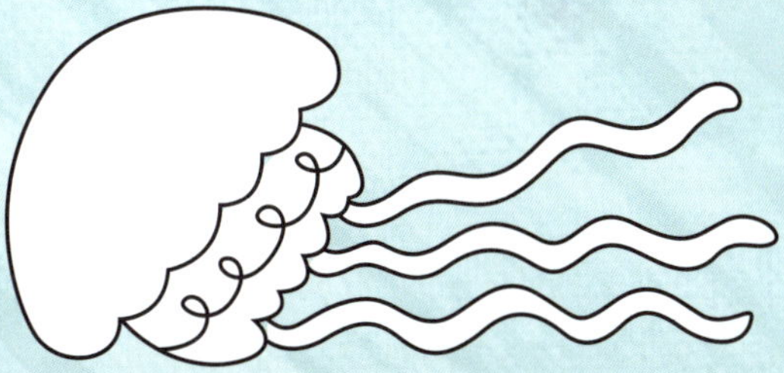

SO WIE ICH BIN, BIN ICH WUNDER-VOLL.

WAS FINDEST DU GUT AN DIR?

WORÜBER FREUST DU DICH, DASS ES IN DEINEM LEBEN IST?

HUGO UND DER STOLZ

Tier: **Hummer**
Name: **Hugo**
Gefühl: **Stolz**

Oh, wie ich meine wunderschönen Scheren liebe und meine orange Farbe erst. Was magst du denn gerne an dir? Wir Hummer sind so unglaublich wundervoll.

WUSSTEST DU, dass ...

- ... wir uns nur auf dem Meeresboden aufhalten? Wir können nämlich nicht schwimmen.
- ... wir es gar nicht warm mögen? Daher findest du uns auch nur hier im kalten Wasser.
- ... wir genauso alt wie ihr Menschen werden können? Meine Oma ist zum Beispiel gestern 70 Jahre alt geworden.
- ... wir uns tagsüber am liebsten verstecken und nachts gerne unterwegs sind?

ZÄHLEN

Hilfst du mir beim Zählen? Wie oft findest du mich und meine Freunde in dem Bild?

BIST

MO DI MI DO FR SA SO

___ . ___ . ___

WELCHE GEFÜHLE HATTEST DU HEUTE?

WIE GEHT ES DIR JETZT GERADE?

WEIL ES MICH GIBT, IST DIE WELT NOCH SCHÖNER!

WAS HAST DU HEUTE SCHÖNES ERLEBT?

WORÜBER FREUST DU DICH, DASS ES IN DEINEM LEBEN IST?

MO DI MI DO FR SA SO

WELCHE GEFÜHLE HATTEST DU HEUTE?

FREUDE · ANGST · TRAURIGKEIT · STOLZ · SCHAM · NEUGIERDE · LIEBE · AUFREGUNG · WUT · NEID

WIE GEHT ES DIR JETZT GERADE?

ICH BIN MUTIG WIE EIN LÖWE.

WANN WARST DU HEUTE MUTIG?

WORÜBER FREUST DU DICH, DASS ES IN DEINEM LEBEN IST?

WELCHE GEFÜHLE HATTEST DU HEUTE?

WIE GEHT ES DIR JETZT GERADE?

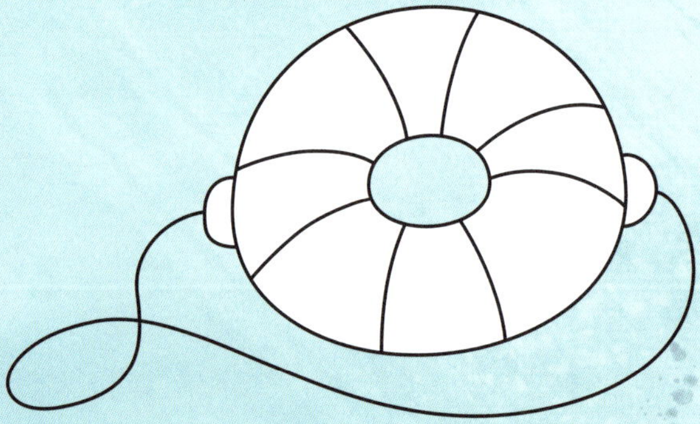

MEINE GEDANKEN UND GEFÜHLE SIND WICHTIG UND WERTVOLL.

WAS HAST DU HEUTE NEUES AUSPROBIERT?

Was möchtest du gerne mal Neues ausprobieren?

WORÜBER FREUST DU DICH, DASS ES IN DEINEM LEBEN IST?

MO DI MI DO FR SA SO

_____ • _____ • _____

WELCHE GEFÜHLE HATTEST DU HEUTE?

WIE GEHT ES DIR JETZT GERADE?

ICH FINDE IMMER EINE LÖSUNG.

WAS IST DIR HEUTE SCHWER GEFALLEN ODER IST NICHT SO GUT GELAUFEN?

Was kannst du beim nächsten Mal anders machen?

WORÜBER FREUST DU DICH, DASS ES IN DEINEM LEBEN IST?

MO DI MI DO FR SA SO

WELCHE GEFÜHLE HATTEST DU HEUTE?

WIE GEHT ES DIR JETZT GERADE?

JEDEN TAG WARTEN NEUE WUNDER AUF MICH.

WAS HAT HEUTE JEMAND NETTES FÜR DICH GETAN?

Und was hast du für jemand anderen getan?

WORÜBER FREUST DU DICH, DASS ES IN DEINEM LEBEN IST?

MO DI MI DO FR SA SO

WELCHE GEFÜHLE HATTEST DU HEUTE?

WIE GEHT ES DIR JETZT GERADE?

ICH BIN WITZIG, WILD UND WUNDER- BAR.

WER HAT DICH HEUTE ZUM LACHEN GEBRACHT?

WORÜBER FREUST DU DICH, DASS ES IN DEINEM LEBEN IST?

MO DI MI DO FR SA SO

___ . ___ . ___

WELCHE GEFÜHLE HATTEST DU HEUTE?

FREUDE
ANGST
TRAURIGKEIT
STOLZ
SCHAM
NEUGIERDE
LIEBE
AUFREGUNG
WUT
NEID

WIE GEHT ES DIR JETZT GERADE?

ICH HÖRE AUF MEIN HERZ.

WAS HAST DU HEUTE GESCHAFFT, AUF DAS DU STOLZ BIST?

WORÜBER FREUST DU DICH, DASS ES IN DEINEM LEBEN IST?

MO DI MI DO FR SA SO

WELCHE GEFÜHLE HATTEST DU HEUTE?

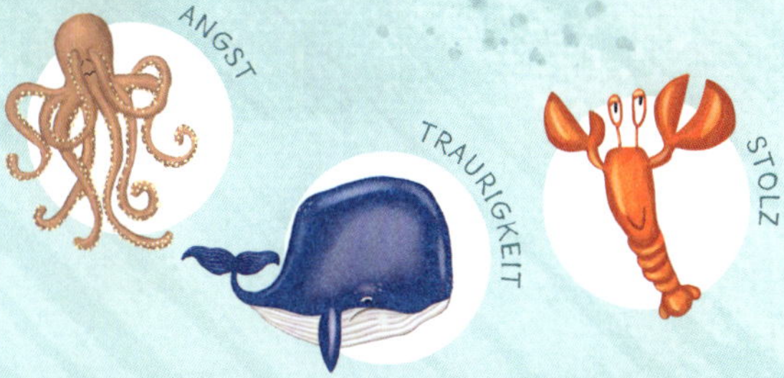

WIE GEHT ES DIR JETZT GERADE?

ALLE MEINE GEFÜHLE SIND WILL-KOMMEN.

AUF WAS FREUST DU DICH MORGEN?

WORÜBER FREUST DU DICH, DASS ES IN DEINEM LEBEN IST?

MO DI MI DO FR SA SO

WELCHE GEFÜHLE HATTEST DU HEUTE?

FREUDE
ANGST
TRAURIGKEIT
STOLZ
SCHAM
NEUGIERDE
LIEBE
AUFREGUNG
WUT
NEID

WIE GEHT ES DIR JETZT GERADE?

ICH BIN GEBORGEN UND GELIEBT.

WOVON MÖCHTEST DU HEUTE NACHT TRÄUMEN?

WORÜBER FREUST DU DICH, DASS ES IN DEINEM LEBEN IST?

MO DI MI DO FR SA SO

WELCHE GEFÜHLE HATTEST DU HEUTE?

WIE GEHT ES DIR JETZT GERADE?

SO WIE ICH BIN, BIN ICH WUNDER-VOLL.

WAS FINDEST DU GUT AN DIR?

WORÜBER FREUST DU DICH, DASS ES IN DEINEM LEBEN IST?

OTTO UND DIE ANGST

Tier: **Oktopus**
Name: **Otto**
Gefühl: **Angst**

Hey, jetzt wo ich dich schon viel viel besser kennengelernt habe, ist mir auch gar nicht mehr mulmig zumute. Ich stelle dich sogar meiner großen Familie vor, wenn du magst.

WUSSTEST DU, dass ...

- ... wir unsere Farbe ändern können? Dadurch zeigen wir zum Beispiel, ob wir wütend oder aufgeregt sind.
- ... wir uns gerne verstecken? Wir passen selbst in die kleinsten Spalten und Höhlen. Wenn wir mal keine Höhle finden, bauen wir uns mit unseren acht Armen einen eigenen Wall aus Steinen.
- ... wenn es richtig gefährlich für uns wird, wir eine tintenähnliche Flüssigkeit ausstoßen? Unser Feind kann dann erstmal nichts mehr sehen und riechen. Und wir können uns dann schnell aus dem Staub machen.

WÖRTER-RÄTSEL

Ich habe auch noch eine ganz wichtige Nachricht für dich. Um sie zu entschlüsseln, brauchst du nur die Fragen zu beantworten und sie dir in der dazugehörigen Zeile eintragen zu lassen.

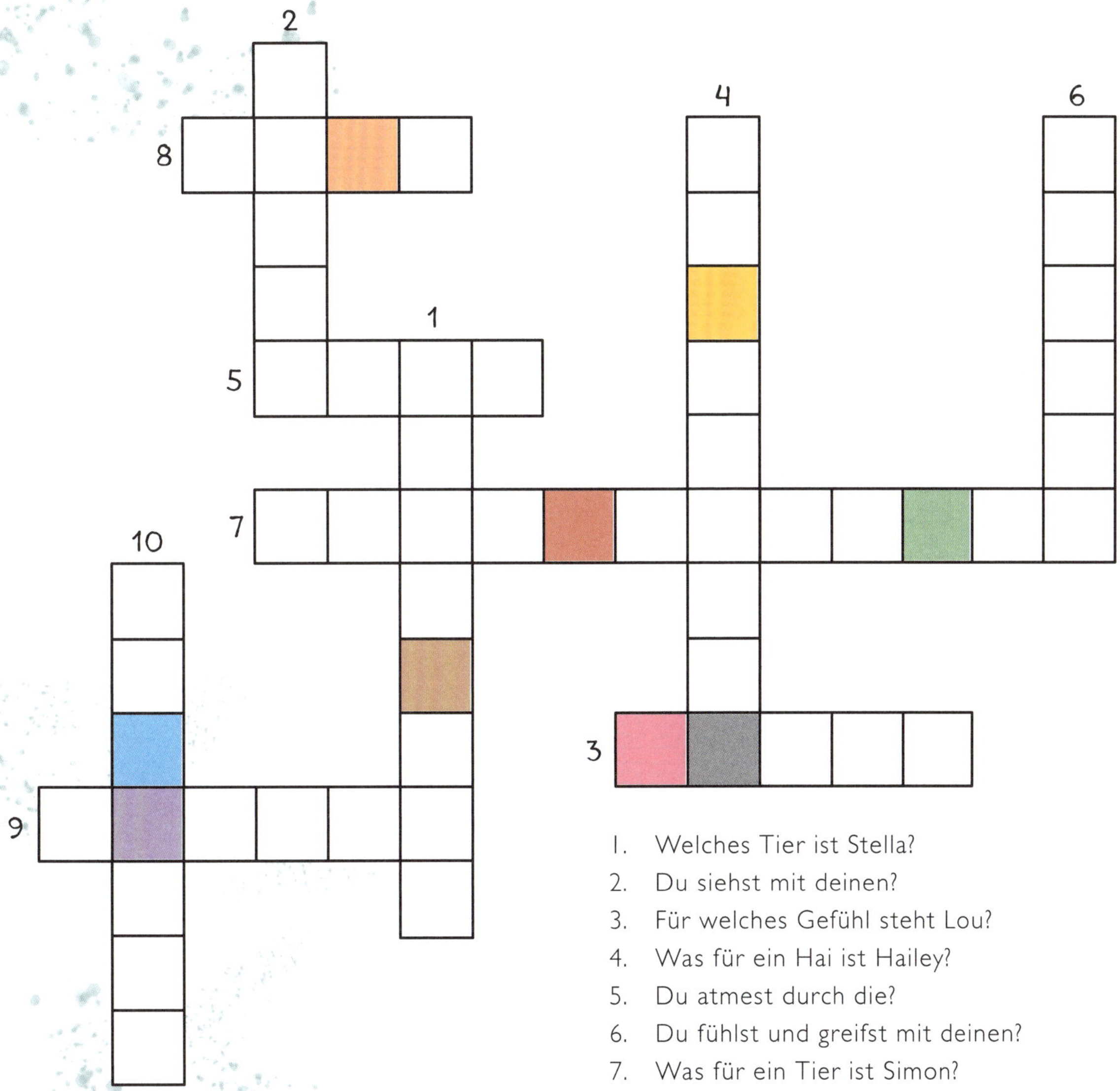

1. Welches Tier ist Stella?
2. Du siehst mit deinen?
3. Für welches Gefühl steht Lou?
4. Was für ein Hai ist Hailey?
5. Du atmest durch die?
6. Du fühlst und greifst mit deinen?
7. Was für ein Tier ist Simon?
8. Welcher meiner Freunde kann nicht schwimmen?
9. Frühling, Sommer, Herbst und?
10. Wer meiner Freunde kann vor Wut so richtig rot werden?

ALLE ▢EINE ▢E▢Ü▢▢E ▢IND W▢CH▢▢G!

MO DI MI DO FR SA SO

___ . ___ . ___

WELCHE GEFÜHLE HATTEST DU HEUTE?

WIE GEHT ES DIR JETZT GERADE?

WEIL ES MICH GIBT, IST DIE WELT NOCH SCHÖNER!

WAS HAST DU HEUTE SCHÖNES ERLEBT?

WORÜBER FREUST DU DICH, DASS ES IN DEINEM LEBEN IST?

MO DI MI DO FR SA SO

WELCHE GEFÜHLE HATTEST DU HEUTE?

WIE GEHT ES DIR JETZT GERADE?

ICH BIN MUTIG WIE EIN LÖWE.

WANN WARST DU HEUTE MUTIG?

WORÜBER FREUST DU DICH, DASS ES IN DEINEM LEBEN IST?

MO DI MI DO FR SA SO

WELCHE GEFÜHLE HATTEST DU HEUTE?

WIE GEHT ES DIR JETZT GERADE?

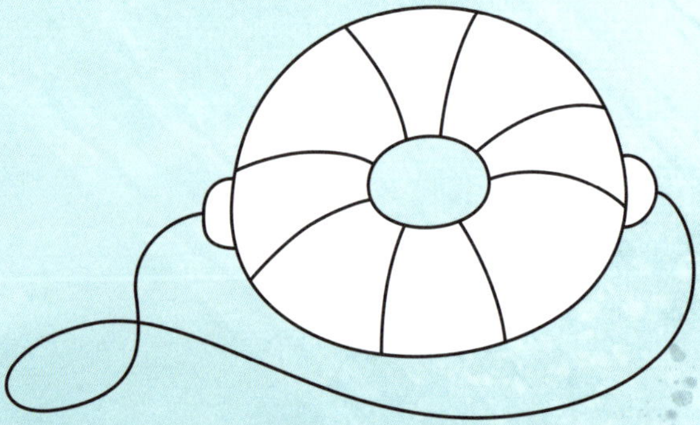

MEINE GEDANKEN UND GEFÜHLE SIND WICHTIG UND WERTVOLL.

WAS HAST DU HEUTE NEUES AUSPROBIERT?

Was möchtest du gerne mal Neues ausprobieren?

WORÜBER FREUST DU DICH, DASS ES IN DEINEM LEBEN IST?

MO DI MI DO FR SA SO

WELCHE GEFÜHLE HATTEST DU HEUTE?

WIE GEHT ES DIR JETZT GERADE?

ICH FINDE IMMER EINE LÖSUNG.

WAS IST DIR HEUTE SCHWER GEFALLEN ODER IST NICHT SO GUT GELAUFEN?

Was kannst du beim nächsten Mal anders machen?

WORÜBER FREUST DU DICH, DASS ES IN DEINEM LEBEN IST?

MO DI MI DO FR SA SO

WELCHE GEFÜHLE HATTEST DU HEUTE?

WIE GEHT ES DIR JETZT GERADE?

JEDEN TAG WARTEN NEUE WUNDER AUF MICH.

WAS HAT HEUTE JEMAND NETTES FÜR DICH GETAN?

Und was hast du für jemand anderen getan?

WORÜBER FREUST DU DICH, DASS ES IN DEINEM LEBEN IST?

MO DI MI DO FR SA SO

WELCHE GEFÜHLE HATTEST DU HEUTE?

WIE GEHT ES DIR JETZT GERADE?

ICH BIN WITZIG, WILD UND WUNDER-BAR.

WER HAT DICH HEUTE ZUM LACHEN GEBRACHT?

WORÜBER FREUST DU DICH, DASS ES IN DEINEM LEBEN IST?

MO DI MI DO FR SA SO

WELCHE GEFÜHLE HATTEST DU HEUTE?

WIE GEHT ES DIR JETZT GERADE?

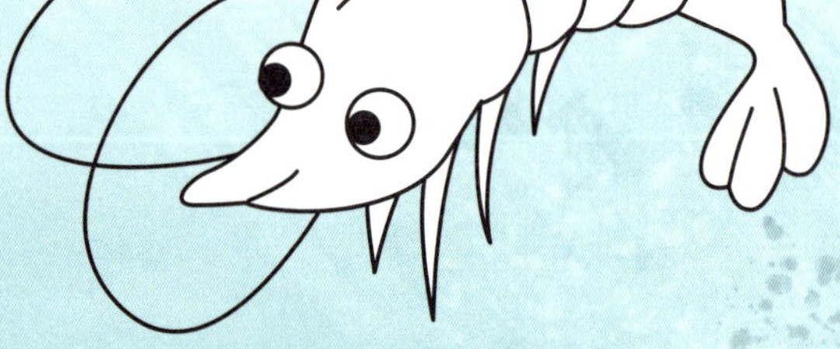

ICH HÖRE AUF MEIN HERZ.

WAS HAST DU HEUTE GESCHAFFT, AUF DAS DU STOLZ BIST?

WORÜBER FREUST DU DICH, DASS ES IN DEINEM LEBEN IST?

MO DI MI DO FR SA SO

WELCHE GEFÜHLE HATTEST DU HEUTE?

FREUDE
ANGST
TRAURIGKEIT
STOLZ
SCHAM
NEUGIERDE
LIEBE
AUFREGUNG
WUT
NEID

WIE GEHT ES DIR JETZT GERADE?

ALLE MEINE GEFÜHLE SIND WILL-KOMMEN.

AUF WAS FREUST DU DICH MORGEN?

WORÜBER FREUST DU DICH, DASS ES IN DEINEM LEBEN IST?

MO DI MI DO FR SA SO

WELCHE GEFÜHLE HATTEST DU HEUTE?

WIE GEHT ES DIR JETZT GERADE?

ICH BIN GEBORGEN UND GELIEBT.

WOVON MÖCHTEST DU HEUTE NACHT TRÄUMEN?

WORÜBER FREUST DU DICH, DASS ES IN DEINEM LEBEN IST?

MO DI MI DO FR SA SO

WELCHE GEFÜHLE HATTEST DU HEUTE?

FREUDE · ANGST · TRAURIGKEIT · STOLZ · SCHAM · NEUGIERDE · LIEBE · AUFREGUNG · WUT · NEID

WIE GEHT ES DIR JETZT GERADE?

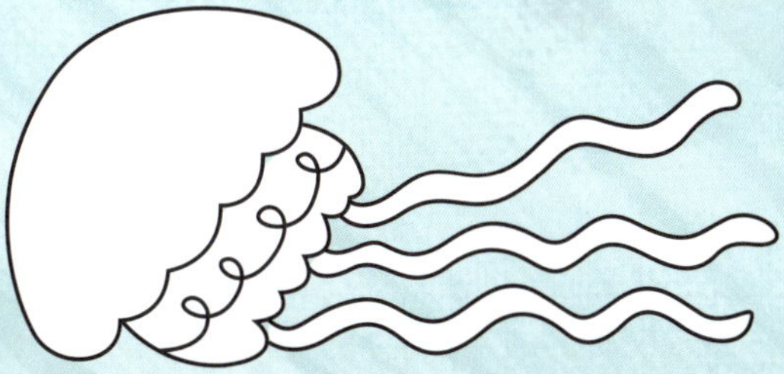

SO WIE ICH BIN, BIN ICH WUNDER-VOLL.

WAS FINDEST DU GUT AN DIR?

WORÜBER FREUST DU DICH, DASS ES IN DEINEM LEBEN IST?

WALBURGA UND DIE TRAURIGKEIT

Tier: **Wal**
Name: **Walburga**
Gefühl: **Traurigkeit**

Wie schön, dass ich dir auch von mir ein bisschen mehr erzählen kann. Wir Blauwale sind ganz besonders, wir sind nämlich die größten Tiere auf der ganzen Welt.

WUSSTEST DU, dass ...

- ... allein unser Herz genauso schwer ist wie ein kleines Auto?
- ... wir zum Luftholen nach ein paar Minuten wieder auftauchen müssen? Unsere Fontäne kann dann bis zu neun Meter hoch werden.
- ... wir keinen einzigen Zahn haben, sondern sogenannte Barten.

MALEN NACH ZAHLEN

Hups, was ist denn passiert, ich habe meine Farbe verloren. Kannst du mir helfen und das Bild mit den jeweiligen Farben ausmalen?

4
3
5
5
4
4
5
1
1
3
7
6
7
7
1
1
2
6
6
6
6
2
6
1
2
3
4
5
6
7

WELCHE GEFÜHLE HATTEST DU HEUTE?

WIE GEHT ES DIR JETZT GERADE?

WEIL ES MICH GIBT, IST DIE WELT NOCH SCHÖNER!

WAS HAST DU HEUTE SCHÖNES ERLEBT?

WORÜBER FREUST DU DICH, DASS ES IN DEINEM LEBEN IST?

MO DI MI DO FR SA SO

WELCHE GEFÜHLE HATTEST DU HEUTE?

FREUDE

ANGST

TRAURIGKEIT

STOLZ

SCHAM

NEUGIERDE

LIEBE

AUFREGUNG

WUT

NEID

WIE GEHT ES DIR JETZT GERADE?

ICH BIN MUTIG WIE EIN LÖWE.

WANN WARST DU HEUTE MUTIG?

WORÜBER FREUST DU DICH, DASS ES IN DEINEM LEBEN IST?

MO DI MI DO FR SA SO

WELCHE GEFÜHLE HATTEST DU HEUTE?

WIE GEHT ES DIR JETZT GERADE?

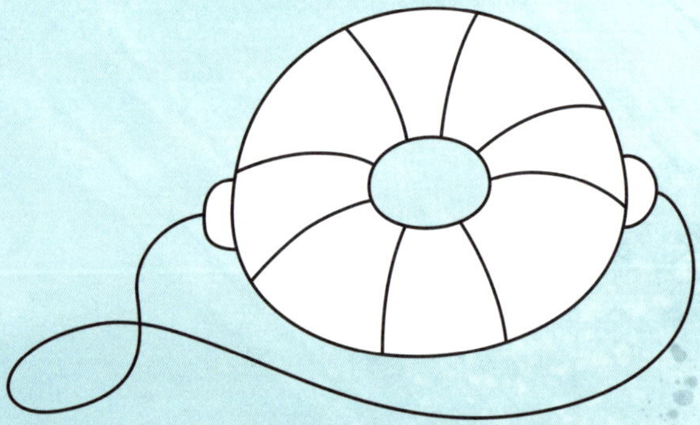

MEINE GEDANKEN UND GEFÜHLE SIND WICHTIG UND WERT-VOLL.

WAS HAST DU HEUTE NEUES AUSPROBIERT?

Was möchtest du gerne mal Neues ausprobieren?

WORÜBER FREUST DU DICH, DASS ES IN DEINEM LEBEN IST?

MO DI MI DO FR SA SO

WELCHE GEFÜHLE HATTEST DU HEUTE?

WIE GEHT ES DIR JETZT GERADE?

ICH FINDE IMMER EINE LÖSUNG.

WAS IST DIR HEUTE SCHWER GEFALLEN ODER IST NICHT SO GUT GELAUFEN?

Was kannst du beim nächsten Mal anders machen?

WORÜBER FREUST DU DICH, DASS ES IN DEINEM LEBEN IST?

MO DI MI DO FR SA SO

WELCHE GEFÜHLE HATTEST DU HEUTE?

WIE GEHT ES DIR JETZT GERADE?

JEDEN TAG WARTEN NEUE WUNDER AUF MICH.

WAS HAT HEUTE JEMAND NETTES FÜR DICH GETAN?

Und was hast du für jemand anderen getan?

WORÜBER FREUST DU DICH, DASS ES IN DEINEM LEBEN IST?

MO DI MI DO FR SA SO

WELCHE GEFÜHLE HATTEST DU HEUTE?

FREUDE · ANGST · TRAURIGKEIT · STOLZ · SCHAM · NEUGIERDE · LIEBE · AUFREGUNG · WUT · NEID

WIE GEHT ES DIR JETZT GERADE?

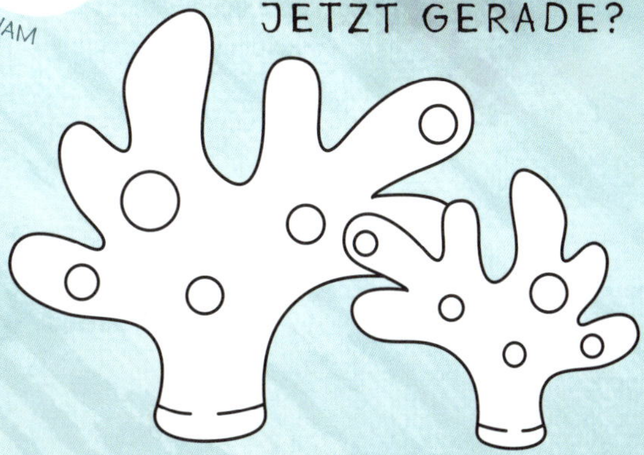

ICH BIN WITZIG, WILD UND WUNDER-BAR.

WER HAT DICH HEUTE ZUM LACHEN GEBRACHT?

WORÜBER FREUST DU DICH, DASS ES IN DEINEM LEBEN IST?

MO DI MI DO FR SA SO

WELCHE GEFÜHLE HATTEST DU HEUTE?

WIE GEHT ES DIR JETZT GERADE?

ICH HÖRE AUF MEIN HERZ.

WAS HAST DU HEUTE GESCHAFFT, AUF DAS DU STOLZ BIST?

WORÜBER FREUST DU DICH, DASS ES IN DEINEM LEBEN IST?

MO DI MI DO FR SA SO

WELCHE GEFÜHLE HATTEST DU HEUTE?

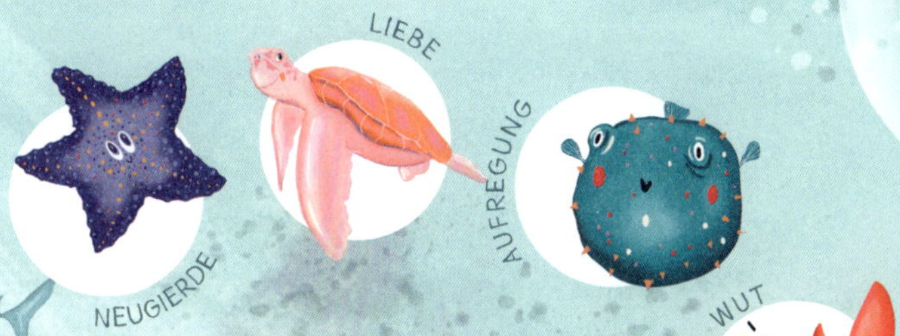

WIE GEHT ES DIR JETZT GERADE?

ALLE MEINE GEFÜHLE SIND WILLKOMMEN.

AUF WAS FREUST DU DICH MORGEN?

WORÜBER FREUST DU DICH, DASS ES IN DEINEM LEBEN IST?

MO DI MI DO FR SA SO

WELCHE GEFÜHLE HATTEST DU HEUTE?

WIE GEHT ES DIR JETZT GERADE?

ICH BIN GEBORGEN UND GELIEBT.

WOVON MÖCHTEST DU HEUTE NACHT TRÄUMEN?

WORÜBER FREUST DU DICH, DASS ES IN DEINEM LEBEN IST?

MO DI MI DO FR SA SO

WELCHE GEFÜHLE HATTEST DU HEUTE?

FREUDE
ANGST
TRAURIGKEIT
STOLZ
SCHAM
NEUGIERDE
LIEBE
AUFREGUNG
WUT
NEID

WIE GEHT ES DIR JETZT GERADE?

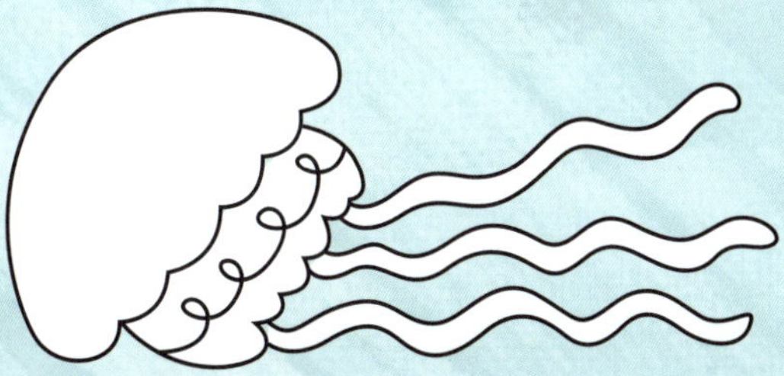

SO WIE ICH BIN, BIN ICH WUNDER-VOLL.

WAS FINDEST DU GUT AN DIR?

WORÜBER FREUST DU DICH, DASS ES IN DEINEM LEBEN IST?

KURT UND DIE AUFREGUNG

Tier: **Kugelfisch**
Name: **Kurt**
Gefühl: **Aufregung**

Hallo du, heute darf ich dich in die Welt der Kugelfische mitnehmen. Wir sind ja so wahnsinnig aufregend. Wenn wir in Gefahr sind, können wir nämlich unsere Form verändern und uns riesengroß aufpusten.

WUSSTEST DU, dass ...

- ... wir nur maximal zehn Jahre alt werden?
- ... die meisten von uns giftig sind und nicht gegessen werden sollten?
- ... wir keine Schuppen wie die anderen Fische haben, sondern Stacheln? Wenn wir uns aufgeblasen haben, kommen sie richtig schön zum Vorschein. Sie können sogar bis zu fünf Zentimeter lang sein. Das ist etwa so lang wie dein Radiergummi.

FINDE FÜNF UNTERSCHIEDE

Oh je, ich schaffe es einfach nicht alleine. Kannst du mir helfen, bei jedem Tier den Unterschied zu finden?

DER ZAUBERSATZ

Juhuuu, du hast alle meine Freunde kennengelernt und ich durfte dich so richtig gut kennenlernen. Wir sind alle so unterschiedlich, aber genauso wie wir sind, sind wir gut und richtig! Ich fühle mich gerade so glücklich und voller Liebe. Unser Abenteuer hat mir wahnsinnig viel Spaß gemacht, jeder Tag war anders und voller schöner Erlebnisse. Danke dir von ganzem Herzen dafür! Jetzt sind wir schon am Ende unserer Schatzsuche angekommen und fast am Ziel. Du hast am Ende jeder Meerestierseite einen kleinen Hinweis erhalten. Trage ihn zusammen mit deinen Eltern hier ein und lasse ihn dir laut vorlesen:

MURIEL
KASIMIR
KURT
STELLA
WALBURGA
SIMON
LOU
OTTO
HUGO
HAILEY

„LASS' DEIN HERZ
DICH FÜHREN.

ES FLÜSTERT.

ALSO HÖRE GANZ
GENAU ZU."

Walt Disney

ZUM SCHLUSS

Es ist soweit, jetzt sind wir am Schluss angekommen. Hast du Lust, ein neues Abenteuer mit mir zu starten? Dann hol' dir gleich dein neues Tagebuch. Bis dahin musst du nicht auf mich verzichten, schau gerne hier vorbei. Hier findest du Ausmalbilder und vieles mehr von mir und meinen Freunden.
Ich freue mich auf ein neues Abenteuer ganz bald mit dir.

DEINE
LOU

WIR *glauben* AN DIE *Zauberkraft* DER *Worte*

Mehr zauberhafte
Bücher & Papergoods
findest du hier.

MALIA

Wir sind ein Verlag für deine persönliche und spirituelle Weiterentwicklung. Lass dich von unseren Büchern inspirieren.

Originalausgabe
Veröffentlicht im Malia Verlag, Berlin, September 2023

1. Auflage
ISBN 978-3-949822-17-9 Print

Text: Franzi Schulz
Illustrationen: Johanna Nüsch
Satz: Susan Wesarg
Korrektorat: Christine Bittner
Psychologische Beratung: Sina Gruber

Printed in Austria

Kein Plastik!
Aus Liebe zur Umwelt ist dieses Buch nicht in Plastik eingeschweißt.

WWW.MALIA-VERLAG.COM

FSC www.fsc.org MIX Paper from responsible sources FSC® C005108

print 4 climate® klimapositiv gedruckt

CERTIFIED cradle to cradle SILVER

PurePrint®
innovated by gugler* DruckSinn
Healthy. Residue-free. Climate-positive.
drucksinn.at

DU BIST GELIEBT!

DEINE
LOU